ワーキングメモリーと
コミュニケーションの基礎を育てる

聞きとり
ワークシート

② 大事なところを聞きとろう●編

NPOフトゥーロ
LD発達相談センターかながわ 編著

かもがわ出版

表紙イラスト・デザイン／高橋哲也
本文イラスト／つかべ美菜子
本文組版／菅田 亮

はじめに

　私たちが新たな情報を得たり、人と関わる時にはさまざまな感覚を総動員させますが、中でも「聞くこと」がとても大きな位置を占めていることは、みなさんも日々感じていることでしょう。子どもたちに何かを学ばせたい時、こちらの意図をくみ取ってほしい時、「よく聞いておぼえてね」「しっかり話を聞いて」「言われたとおりにやってね」と言います。ところが聞きたい、覚えたい気持ちがあったとしても聞きわけられない、覚えられない、聞こえるものの中から何を、どの部分を覚えていいのか選べない、判断がつかないから人の話を聞くのは嫌いという、発達にアンバランスがある子どもたちがたくさんいます。情報を記憶にとどめて複数の活動を同時におこなったり、複数の刺激をまとめて捉えて考えたりする時に使われる能力はワーキングメモリーと呼ばれています。行動する前にとりあえずとどめておき、必要な時に情報をとりだすので「脳の作業台」とか「脳のメモ帳」と呼ばれることも多いようです。

　ワーキングメモリーが弱いと新しい情報を覚えたり、正しく活用すること、人の話を聞いて会話をスムーズに進めることも難しくなります。そんな子どもたちが、クイズやロールプレイといった楽しめる課題を通して「聞く」ことに対する抵抗感を減らすこと、ポイントやフォーマット、覚え方を示して工夫すれば聞きとれるようになるんだと実感できるようになること、説明や会話の中で話題になることばや内容に意識的に触れ、なじむことで話の流れが予想しやすくなり、指示の理解や会話がスムーズになることを願って「聞きとりワークシート」を作成しました。全部で3冊のシリーズで、ことばの音や、話の中の単語、キーワードの聞きとりなどを中心に5歳くらいから取り組める「言われたことをよく聞こう編」、聞きながら作業をすること、話のポイントの聞きとりやメモの仕方などについての問題で構成され、小学校低学年くらいから取り組める「大事なところを聞きとろう編」、会話の中の聞きとりや省略したりことばでは言っていない部分も考えて聞く問題で構成されている小学校中学年以上くらいを対象とした「イメージして聞こう編」です。

　これらのワークシートは2010年、2012年に出したSSTワークシート3部作の妹弟分にあたるかと思います。人とやりとりする上ではまず、相手の話を聞くことが前提条件になるでしょう。前回同様、私たちの指導の中で長く子どもたちに試みたものを形にするとともに、こんなワークシートがあるといいね、こんなことで子どもたちが困っているねといったものも新たに付け加えてつくりました。

　学校、療育センター、相談室、家庭などさまざまな場面でその子にあったオリジナルの使い方がされ、みなさんに活用されることを望んでいます。

CONTENTS

ワーキングメモリーと
コミュニケーションの基礎を育てる
聞きとりワークシート
② 大事なところを聞きとろう●編

- ●はじめに　3
- ●ワークシートの使い方　7

① 聞きとりクロスワード …11

1-1 その1（おかし）	14	**1-5** その5（調理用具）	22
1-2 その2（学校）	16	**1-6** その6（数字が書いてあるもの）	24
1-3 その3（お風呂）	18		
1-4 その4（夏）	20		

② 言われたことばをよく聞こう …26

◎ あてはまる絵を言われたところに置こう

- ●マトリックスシート　33
- **2-1** 食べもの　34
- **2-2** 身のまわりのもの　36

◎ あてはまる絵を選ぼう

- **2-3** ぼくの、わたしの先生　38
- **2-4** たこやきの材料　40
- **2-5** おこづかいの使い道　42
- **2-6** 習字で書いた字　44

◎ 地図を見ながら聞こう

- ●練習問題　46
- **2-7** 友だちの家は、どこ？　48
- **2-8** カギはどこでしょう　50
- **2-9** 日曜日の買いもの　52
- **2-10** ドーナツどろぼうはだれ？　54
- **2-11** おつかい　56
- **2-12** パーティーの準備　58

③ プリントの言われたところにしるしをつけよう …60

3-1 遠足のしおり	62	**3-4** 算数のプリント	68
3-2 中央小祭りのお知らせ	64	**3-5** 国語のプリント	70
3-3 時間割の変こう	66		

④ やりながら聞こう、途中でもやめよう　…72

◎ **やりながら聞こう**

- ●だるまさんの一日！　77
- 4-1　くだもの　78
- 4-2　どうぶつ　80
- 4-3　文ぼう具　82
- 4-4　女の子、男の子　84
- 4-5　はきもの　86
- 4-6　お弁当　88
- ●聞きとりチェックリスト　90
- 4-7　計算・ことばクイズ　91
- 4-8　自分シートづくり　92
- 4-9　ことばの勉強　93

◎ **途中でもやめよう**

- 4-10　モンスター　95
- 4-11　未来の乗りもの　96

⑤ お話の大事なところをよく聞こう　…97

- 5-1　あそびの約束　102
- 5-2　ピアノの発表会　104
- 5-3　ドッジボール大会　106
- 5-4　けが　108
- 5-5　るす番　110
- 5-6　水やり　112
- 5-7　こままわし　114
- 5-8　売りきれ？　116
- 5-9　しゅくだい　118
- 5-10　花火大会　120
- 5-11　町たんけんのそうだん　122
- 5-12　かん字テスト　124
- 5-13　教室そうじ　126
- 5-14　うんどう会　128
- 5-15　おわかれパーティー　130

⑥ 知らないことばを予想しよう　…132

- ●選択シート　136
- 6-1　マルメロ　138
- 6-2　カホン　138
- 6-3　エアスプラッシュ　139
- 6-4　ナムチムガイ　139
- 6-5　うっちゃり　140
- 6-6　アラビス　140
- 6-7　六角レンチ　141
- 6-8　バリスタ　141
- 6-9　エアロード　142
- 6-10　グレートブリテン　142
- 6-11　ウォーターランド　143
- 6-12　アクアパッツァ　143
- 6-13　スカシカシパン　144
- 6-14　ホームラン　144
- 6-15　ホースシューズ　145
- 6-16　だいちゃん　145
- 6-17　チュニック　146
- 6-18　ドラゴンブルーⅡ　146
- 6-19　ベルツリー　147
- 6-20　ルピア　147

❼ めざせ！ 聞きとりメモ検定１級 …148

- ●めざせ！聞きとりメモ検定１級 　155
- ●聞きとりメモ検定チェックシート　156
- ●検定合格のコツ　157
- ●パズルピース　158
- ●パズルシート　159
- ●７級にチャレンジする前に　160
- ●１級にチャレンジする前に　161

◎ 10〜8級　持ちものメモ

10級 7-1	持ちものメモ　その1-①	162
7-2	持ちものメモ　その1-②	162
7-3	持ちものメモ　その1-③	162
9級 7-4	持ちものメモ　その2-①	164
7-5	持ちものメモ　その2-②	164
7-6	持ちものメモ　その2-③	164
8級 7-7	持ちものメモ　その3-①	166
7-8	持ちものメモ　その3-②	166
7-9	持ちものメモ　その3-③	166

◎ 7、6級　省略してメモ

7級 7-10	省略してメモ　その1-①	168
7-11	省略してメモ　その1-②	168
7-12	省略してメモ　その1-③	168
6級 7-13	省略してメモ　その2-①	170
7-14	省略してメモ　その2-②	170
7-15	省略してメモ　その2-③	170

◎ 5級　家ぞくや親せきからの電話メモ

7-16	家ぞくや親せきからの電話メモ　その1	172
7-17	家ぞくや親せきからの電話メモ　その2	172
7-18	家ぞくや親せきからの電話メモ　その3	172

◎ 4、3級　電話の会話でのメモ

4級 7-19	電話の会話でのメモ　その1	174
3級 7-20	電話の会話でのメモ　その2	176

◎ 2級　電話でいくつかのメモ

7-21	電話でいくつかのメモ　その1	178
7-22	電話でいくつかのメモ　その2	180
7-23	電話でいくつかのメモ　その3	182

◎ 1級　知らない人からの電話メモ

7-24	知らない人からの電話メモ　その1	184
7-25	知らない人からの電話メモ　その2	184

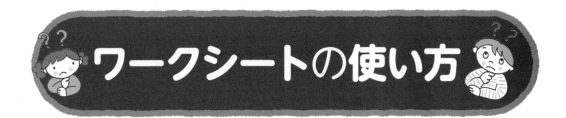

❶（事前の準備）ワークシートを選びます

　子どもに身につけさせたいことは何なのかを考え、実施するワークシートを選びます。
　問題番号が進むにつれ難度はあがるように構成しています。各章のねらいを以下に示しますので（それぞれの章のはじめにも示してあります）参考にしてください。
　また、いきなり子どもにとって難しい問題をやるのではなく、「あ、わかる、かんたんだな〜」と楽しみながら取り組めるところからスタートするとよいでしょう。

●1章　聞きとりクロスワード
　→マトリックスシートの場所を見つけ、空間を示すことば、上下左右、右から○番目、上から○番目などを聞きとることを練習します。

●2章　言われたことばをよく聞こう
　→話の中の単語や文節を聞きとることを練習します。複数の情報をまとめる問題、地図で使う方向や位置を示すことばを聞きとる問題があります。

●3章　プリントの言われたところにしるしをつけよう
　→学校で配られるようなプリントを見ながら、言われたことを指示に従っておこなうことを練習します。

●4章　やりながら聞こう、途中でもやめよう
　→作業中に指示が加わります。新たな指示を受けた時の聞きとりの仕方を練習します。

●5章　お話の大事なところをよく聞こう
　→短い話の中でポイントとなることを意識して聞きとることを練習します。

●6章　知らないことばを予想しよう
　→話の中に知らないことばが出てきたときに、話の前後から推測することを練習します。

●7章　めざせ！聞きとりメモ検定1級
　→連絡帳や電話のメモのとり方を練習します。1章から6章までのまとめの問題にもなります。

❷(事前の準備)進め方を読み、指導の流れをイメージし、必要箇所のワークシートをコピーします

　各章の初めにある進め方を読んで子どもとどのような流れでワークシートをおこなうのかイメージをつくります。基本的な進め方は

①ワークシートと筆記用具(えんぴつ、消しゴム、色えんぴつ、のりなど)またはシールなどワークシートごとに必要なものを子どもに渡す。
②やりかたを説明する。
③問題を出し、子どもが実施する。
④フィードバックシートを使って答え合わせをする。

というものです。
　ワークシートの使用方法は、10ページに詳しく説明をのせています。
　問題番号を子どもが気にするようでしたらマークの中を塗りつぶしてください。

❸ワークシートをおこないます

　進め方と読み上げ文を参考にして、ワークシートをおこないます。読み上げるスピードは日常会話の平均的な速度でおこなえることが望ましいですが、子どもの状況に合わせてかまいません。「えっ?」と子どもが言ったらもう一度すぐに言う(読む)、終わった後、子どもの様子を見て再度読む、あらかじめ「2回言うから、聞き落としても次にもう一度聞いてね」と伝えておく。「聞きとれなかったら、『もう一度言ってください』と言ってね」と伝えておくなど、何を目的として記憶や聞きとりの練習をおこないたいかによって援助の仕方も変わってくることと思います。また、言われたことを忘れずに保持することの方法(方略)をたくさん見つけ、身につけていくことが、このワークシートで最もめざしたいことです。よって、聞きながら復唱する、キーワードを強調して言う(言語化)、目をつぶって映像化する、メモする、略記号を使う(視覚化)、指を折ったり、体を動かす(動作化)などをして答えを導こうとすることを認め、むしろそれらを指導者から提案して「どうすると覚えやすいかな?」と考える機会をつくってください。

❹答え合わせ(フィードバック)をします

　このワークシートは、答え合わせの仕方に特徴があります。指導者が「せいかい！」と言ったり、赤ペンで○をつけて正誤を知らせるだけではなく、フィードバックシートを使って子ども自身が答えを確認することで自ら意識、判断する機会を多くもてるようにしています。また、イラストを使って答え合わせをすることで情報を視覚イメージ化する経験をもてることも大切にしています。フィードバックシートを使いながら答えを確認し、時間があればそれにまつわるやりとりなどをしながら終了します。フィードバックシートは、子ども用シートをコピーして自分で作成するものと、フィードバック専用のシートはページの上下に ▬▬▬ が入っています。

❺応用について

　問題によっては応用のしかたがのせてありますので参考にしてください。子ども用シートを2部コピーしてフィードバックシートをつくり、新たな問題をつくることもできます。子どもの実態に合わせてさまざまなアレンジをおこなってください。

※このワークシートは1対1、小グループ、学級全体など、どのような人数でもおこなうことができます。
※時間は、ワークシートの実施のみなら5～10分程度、その内容についてのやりとりや具体的な活動をおこなったり、自分たちで問題をつくるなど発展させると20分くらいの時間でおこなえます。

準備の例	子ども用シートとフィードバックシートをあらかじめそれぞれを1枚ずつコピーします。実施後にフィードバックシートを見せて答え合わせをします。 　問題4-7〜11は、フィードバックシートはなく、聞きとりの仕方を確認する「聞きとりチェックリスト」をつけてあります。

例）

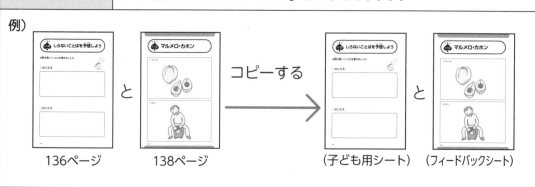

1 聞きとりクロスワード (p.14〜)

➡ねらい

学校生活では、さまざまな場面で位置を表すことばで指示が出され、それを聞いて理解し行動することを求められます。行や段、列など複数の要素を聞いてその位置を理解するという状況もよくあるでしょう。「聞きとりクロスワード」では、位置を表すことばの基本となる右から〜番目、左から〜番目という言い方を聞きとる練習をおこないます。1-5と1-6では表に文字だけではなくイラストも出てきます。楽しんでおこなってください。

➡進め方

それぞれのページはひらがながたくさん書いてあるクロスワード表、聞きとったひらがなを書きうつす欄で構成されています。1-1、1-2はカタカナと数字の表、1-3、1-4はアルファベットと数字の表、1-5、1-6はイラストと数字の表です。また、少しずつ難易度をあげてあります。1-1、1-2は聞きとったひらがなを書きこむ場所は左または右から一つずつ順番になっています。1-3以降は書きこむ場所はランダムになります。また、1-3以降は書きこむ欄に左、右というヒントはなくなります。

①事前の準備として、子ども用シートとフィードバックシートをコピーしておきます。
②各ワークをおこなう前に、どの場所でもいいので、例えば「イの2に書いてある字は何かな」など、と子どもにたずね、表の縦と横で文字を探すルールが理解できているかを確認してからはじめます。
③子どもが正しく書けているかを確認しながら読み上げ文を読んでいきます。
④正しく聞いて書きとれると、それぞれのページの3問の答えの共通点（テーマ）がわかるはずです。それを最後に子どもに考えてもらい、フィードバックシートを見せながら答え合わせをしてまとめとします。

➡応用

- 書きこむ場所がランダムになっていく1-3以降も、難しいようであれば左から順に文字を書き込んでいくように、読み上げ文を変更してもよいです。
- 子ども用シートの左右というヒントを省略している1-3以降も、書いてないとわからなければ書きこんで使ってください。
- それぞれテーマの答え合わせをした後で、「ほかに、台所にあるものでどんなものを知っている？」などやりとりしてもよいでしょう。
- 「びすけっと」「きゃらめる」「らんどせる」等、本来はカタカナ表記のものも「ひらがな」になっています。必要に応じて解答後、「カタカナで書くのはどれかな、カタカナで書いてみよう」と確認してください。

➡読み上げ文と解答

読み上げ文はどれも「イ1」と言うように文字と数字をつなげていますが、「イの1」と言ったほうがわかりやすいようでしたらそのように変えて読んでください。

[1-1] その1（テーマ　おかし）
（1）
①ア1を一番左に書きます。
②オ1を左から二番目※に書きます。
　もしくは、「その隣におきます」、以下同様。
③ウ4をまん中に書きます。
④イ5を右から二番目に書きます。

⑤イ3を一番右に書きます。
　　　　　　　　答え：**びすけっと**

（2）
①オ3を一番右に書きます。
②ア5を右から二番目に書きます。
③エ4をまん中に書きます。
④エ2を左から二番目に書きます。
⑤ウ5を一番左に書きます。
　　　　　　　　答え：**きゃらめる**

（3）
①イ1を一番左に書きます。
②エ3を左から二番目に書きます。
③ウ2をまん中に書きます。
④ア3を右から二番目に書きます。
⑤オ5を一番右に書きます。
　　　　　　　　答え：**かりんとう**

[1-2] その2（テーマ　学校）
（1）
①ウ2を一番左に書きます。
②エ2を左から二番目に書きます。
③ア1をまん中に書きます。
④ア3を右から二番目に書きます。
⑤オ5を一番右に書きます。
　　　　　　　　答え：**じかんわり**

（2）
①ウ5を一番左に書きます。
②イ3を左から二番目に書きます。
③エ1をまん中に書きます。
④オ3を右から二番目に書きます。
⑤イ4を一番右に書きます。
　　　　　　　　答え：**きょうしつ**

（3）
①ウ3を一番左に書きます。
②イ5を左から二番目に書きます。
③ア2をまん中に書きます。
④オ1を右から二番目に書きます。
⑤エ4を一番右に書きます。
　　　　　　　　答え：**らんどせる**

[1-3] その3（テーマ　お風呂）
（1）
①B5を右から二番目に書きます。
②C3をまん中に書きます。
③E2を左から二番目に書きます。
④A4を一番右に書きます。
⑤D2を一番左に書きます。
　　　　　　　　答え：**せんめんき**

（2）
①A1を一番左に書きます。
②D5を右から二番目に書きます。
③B3を一番右に書きます。
④C1を左から二番目に書きます。
⑤E4をまん中に書きます。
　　　　　　　　答え：**ばすたおる**

（3）
①A2を左から二番目に書きます。
②E3を右から二番目に書きます。
③D4を左から四番目に書きます。
④B2を一番左に書きます。
　　　　　　　　答え：**せっけん**

[1-4] その4（テーマ　夏）
（1）
①C4を左から二番目に書きます。
②E5を一番右に書きます。
③A1をまん中に書きます。

④D2を右から二番目に書きます。
⑤B3を一番左に書きます。
　　　　　　　　答え：**かぶとむし**

（2）
①D3をまん中に書きます。
②A5を左から二番目に書きます。
③C1を一番右に書きます。
④B4を右から二番目に書きます。
⑤D4を一番左に書きます。
　　　　　　　　答え：**すいかわり**

（3）
①E1を左から二番目に書きます。
②A2を右から二番目に書きます。
③C2を一番右に書きます。
④B5を一番左に書きます。
⑤E3をまん中に書きます。
　　　　　　　　答え：**かきごおり**

[1-5] その5（テーマ　調理用具）
（1）
①ボールの4を左から二番目に書きます。
②花の3をまん中に書きます。
③えんぴつの2を右から二番目に書きます。
④犬の1を一番右に書きます。
⑤あめの5を一番左に書きます。
　　　　　　　　答え：**あわだてき**

（2）
①犬の4を一番左に書きます。
②えんぴつの3をまん中に書きます。
③花の5を一番右に書きます。
④あめの1を右から二番目に書きます。
⑤ボールの3を左から二番目に書きます。
　　　　　　　　答え：**ふらいぱん**

（3）
①あめの3を左から二番目に書きます。
②花の1を一番右に書きます。
③犬の2を右から二番目に書きます。
④ボールの5をまん中書きます。
⑤えんぴつの4を一番左に書きます。
　　　　　　　　答え：**ほうちょう**

[1-6] その6（テーマ　数字が書いてあるもの）
（1）
①ボールの5を左から三番目に書きます。
②犬の3を左から二番目に書きます。
③あめの4を一番右に書きます。
④えんぴつの1を一番左に書きます。
　　　　　　　　答え：**とらんぷ**

（2）
①犬の1を右から二番目に書きます。
②えんぴつの4をまん中に書きます。
③花の5を左から二番目に書きます。
④あめの3を一番右に書きます。
⑤ボールの3を一番左に書きます。
　　　　　　　　答え：**うでどけい**

（3）
①あめの2を左から二番目に書きます。
②花の4を右から二番目に書きます。
③犬の5をまん中に書きます。
④えんぴつの2を一番右に書きます。
⑤ボールの2を一番左に書きます。
　　　　　　　　答え：**けいさんき**

 その1

●お話をよく聞いて、字をマスに書こう。

	ア	イ	ウ	エ	オ
1	び	か	え	み	す
2	あ	や	ん	ゃ	が
3	と	と	う	り	る
4	こ	ず	け	ら	も
5	め	っ	き	ゆ	う

(1) 左　　　　　　　　　　　　　　右

(2) 左　　　　　　　　　　　　　　右

(3) 左　　　　　　　　　　　　　　右

(1)(2)(3)は何のなかまでしょう？

その1

こたえ：おかし

その2

●お話をよく聞いて、字をマスに書こう。

	ア	イ	ウ	エ	オ
1	ん	は	わ	う	せ
2	ど	い	じ	か	は
3	わ	よ	ら	ゆ	し
4	が	つ	と	る	も
5	に	ん	き	こ	り

（1）左　　　　　　　　　　　　　右

（2）左　　　　　　　　　　　　　右

（3）左　　　　　　　　　　　　　右

（1）（2）（3）は何のなかまでしょう？

1-2 その2

こたえ：学校にあるもの

1-3 その3

●お話をよく聞いて、字をマスに書こう。

	A	B	C	D	E
1	ば	ぬ	す	ま	な
2	つ	せ	み	せ	ん
3	て	る	め	ら	け
4	き	さ	ち	ん	た
5	は	ん	あ	お	る

(1) ☐☐☐☐☐

(2) ☐☐☐☐☐

(3) ☐☐☐☐

(1)(2)(3)は何のなかまでしょう？ ☐

1-3 その3

こたえ：お風呂にあるもの

その4

●お話をよく聞いて、字をマスに書こう。

	A	B	C	D	E
1	と	よ	り	こ	き
2	お	い	り	む	あ
3	け	か	み	か	ご
4	ぱ	わ	ぶ	す	せ
5	い	か	つ	め	し

(1) □□□□□

(2) □□□□□

(3) □□□□□

(1)(2)(3)は何のなかまでしょう？ □

1-4 その4

こたえ：夏のもの

その5

●お話をよく聞いて、字をマスに書こう。

	🌸	🐕	⚾	✏️	🍬
1	う	き	か	な	ぱ
2	よ	よ	た	て	ず
3	だ	に	ら	い	う
4	も	ふ	わ	ほ	き
5	ん	お	ち	い	あ

(1) ☐☐☐☐☐

(2) ☐☐☐☐☐

(3) ☐☐☐☐☐

....

（1）（2）（3）は何のなかまでしょう？ ☐

1-5 その5

こたえ：ちょうりようぐ

その6

●お話をよく聞いて、字をマスに書こう。

	🌸	🐶	⚾	✏️	🍬
1	や	け	ま	と	た
2	だ	か	け	き	い
3	お	ら	う	さ	い
4	ん	て	ん	ど	ぷ
5	で	さ	ん	う	ゆ

(1) ☐☐☐☐

(2) ☐☐☐☐☐

(3) ☐☐☐☐☐

(1)(2)(3)は何のなかまでしょう？ ☐

1-6 その6

こたえ：数字がかいてあるもの

2 言われたことばをよく聞こう

 あてはまる絵を言われたところに置こう (p.33〜)

➡ねらい
聞いたことばをまとめて、その内容に合う絵を見つける問題です。前章の「聞きとりクロスワード」と同様、位置を表すことばの聞きとりも同時に練習します。機能や外見的な共通点があるものを同じシートに入れていますので、最後まで聞かず初めのヒントで答えてしまいがちな子どもにはよい練習になるでしょう。

➡進め方
① 事前の準備として、マトリックスシートときりとり用シート (p.34、36)、フィードバックシートをコピーしておきます。
② きりとり用シートの絵を12枚の選択カードになるように切り離しておきます（または、子どもに切り離してもらいます）。
③ 選択カードの絵の名称を知っているか確認します。
④ これから尋ねることの知識がないと、いくら集中して聞いても答えは見つけられないので、必要に応じてそれぞれの特徴について共通していることを中心にいくつか質問します。たとえば、2-1食べものなら「じゃがいもを使っているのはどれかな？」「油であげてあるのはどれかな？」「焼いてあるのはどれかな？」や2-2の身のまわりのものなら「ぶらさげて使うものはどれかな？」「よく見て使うものはどれかな？」などです。または「〜はどうやって料理するか知っていますか？」と質問してもよいです。
⑤ 読み上げ文をゆっくり読み上げます。子どもたちはマトリックスシートの言われた場所に、絵を置いていきます。知識がないため子どもが正しい絵を選ぶことが難しそうであれば、進め方③に戻ったり、選択肢を減らしたりします。
⑥ フィードバックシートで答えを確認します。

➡応用
- 選択カードが12だと多い場合は数を減らしてください。その場合、マトリックスシートやフィードバックシートもそれに合わせてつくり替えてください。
- 選択カードを1問ごとにマトリックスシートからとって常に白紙にして問題を進めると、より難度が上がります。その場合、答え合わせは1回ずつおこなってください。
- 読み上げ文にない問題文を考え、マトリックスシートに答えを置いてフィードバックシートをつくれば新たな問題ができます。
- 選択肢の絵をくり返し多くの子どもなどに使う場合は、ラミネートしておくとよいでしょう。
- きりとり用シートを切りとらず「うすいパンに、たまねぎやハムをはさんであるものを○で囲みましょう」というように、そのまま言われたものにしるしをつけるやり方もできます。その場合、きりとり用シートを2部コピーしてフィードバックシートをつくっておきます。

➡読み上げ文

[2-1] 食べもの
- うすいパンに、たまごやハムがはさんであるものを左の列の一番上に置きます。

〈サンドイッチ〉
- 冷たくて、いろいろな味があって棒がついているものを左の列のまん中に置きます。〈アイス〉
- たまごを割って、そのままの形で焼いたものを右の列の上から二番目に置きます。〈めだま焼き〉
- 誕生日やクリスマスによくたべる、甘いものを右の列の一番上に置きます。〈ケーキ〉
- ハンバーグやチーズをパンではさんだものをまん中の列の一番下に置きます。〈ハンバーガー〉
- お肉をこねてまるめて、焼いたものを右の列の一番下に置きます。〈ハンバーグ〉
- じゃがいもを細く切って油であげたものを左の列の一番下に置きます。〈フライドポテト〉
- じゃがいもをつぶしてひらべったい長い丸の形にして油であげたものをまん中の列の上から二番目に置きます。〈コロッケ〉
- まぜるとねばねばのびるものをまん中の列の一番上に置きます。〈納豆〉

[2-2] 身のまわりのもの
- ぶらさげて使うもので、風があたるといい音がするものを左の列の一番下に置きます。〈風鈴〉
- 座るためのもので、ふつうのいすよりゆったり座れるものを左の列の一番上に置きます。〈ソファ〉
- はさんでとめるもの、何枚かの紙をまとめるのに使うものをまん中の列の上から二番目に置きます。〈ホチキス〉
- ぶらさげて雨がふらないように願うものを右の列の一番上に置きます。〈てるてるぼうず〉
- 遠くのものをよく見るために使うもので、星や鳥を見るのに使うものをまん中の列の一番下に置きます。〈双眼鏡〉
- 手で持ってぐるぐる回してたまごやクリームをかきまぜるのに使うものをまん中の列の一番上に置きます。〈あわだてき〉
- 写真を撮るために使うものを右の列の上から二番目に置きます。〈カメラ〉
- 手で持って回しながらジャンプするものを左の列の上から二番目に置きます。〈なわとび〉
- 洗たくものをはさむものを右の列の一番下に置きます。〈洗たくばさみ〉

あてはまる絵を選ぼう (p.38～)

➡ねらい
少し長い内容や間接的な表現で答えを絞り込む問題です。4問とも子どもたちが身近に感じられる設定にしました。やり終わったあとで、子どもと「自分の先生はどんな先生か」など話をしても楽しいでしょう。

➡進め方
① 事前の準備として、子ども用シートとフィードバックシートをコピーしておきます。
② 選択肢がどの問題も8つあります。全体から探すのが難しいと思われる場合は、まずそれぞれの選択肢のイラストに書いてある絵をよく見くらべさせて、項目を確認します。
③ 指導者がゆっくり読み上げ文を読みます。
④ 子どもの様子を見ながら次の問題を読み進めます。
⑤ フィードバックシートで答えを確認します。

読み上げ文

[2-3] ぼくの、わたしの先生

これから4人の子が自分の先生について話をします。どの先生が誰の先生かわかったら線で結びましょう。

- Aさんが自分の先生について話しています。

「ぼくの先生は、男の先生です。怒ると怖いけれど、週に1回、休み時間に校庭であそんでくれてその時間はとっても楽しいです。先生は、サッカーが好きで、試合に負けたとか勝ったとかそんな話をしてくれます」

- Bさんが自分の先生について話しています。

「わたしの先生は、女の先生です。うちのお母さんとおなじくらいの年齢かなと思います。理科クラブの先生で、星のことにはすごく詳しいです。先生は家から学校まで近いそうで、自転車で学校に来ています」

- Cさんが自分の先生について話しています。

「ぼくの先生は、男の先生です。お兄さんみたいな若い先生で、みんなに人気があります。料理が好きって言っていたけれど、本当かなって思います。結婚していて家には小さい男の子がいるそうです」

- Dさんが自分の先生について話しています。

「わたしの先生は、女の先生です。私のお姉ちゃんも2年生の時、この先生が担任でした。髪の毛が長くていつもジャージを着ています。山登りが好きで、この前も富士山に登ったそうです」

答え：Aさん：先生5
　　　Bさん：先生3
　　　Cさん：先生8
　　　Dさん：先生1

[2-4] たこやきの材料

今度のお楽しみ会でたこやきをつくることになりました。班ごとに好きな具を3つ選べることになりました。それぞれの班の子が何の具になったか話をしています。よく聞いて、班と材料を正しく結びましょう。

- A班の子がたこやきの材料について話しています。

「うちの班は好きな食べものがみんな似ていて、早めに決まりました。コーンと揚げ玉で少し意見が分かれましたが、たことコーンとチーズになりました。相談してすぐに決まりました」

- B班の子がたこやきの材料について話しています。

「うちの班はだれが相談のまとめ役をやるかで、ちょっと時間がかかりました。たことソーセージはすぐに決まったのですが、最後の1つが決まったのは時間ギリギリでした。最後の一つはえびにしました」

- C班の子がたこやきの材料について話しています。

「うちの班はくいしんぼうが多かったのか、10こくらい意見が出て、しかもそのどれもがおいしそうでなかなか決まりませんでした。たこやきなのに、たこが選ばれませんでした。決まったのはいかとえびとコーンです」

- D班の子がたこやきの材料について話しています。

「うちの班はふたりの女の子がさっと話し合いをまとめてくれました。決まったのはたこ、ソーセージ、コーンです。おいしそうな

ので早くつくりたいです」
答え：A班：材料3
　　　B班：材料6
　　　C班：材料4
　　　D班：材料7

[2-5] おこづかいの使い道
　子どもたちが自分のおこづかいについて話しています。正しい組み合わせを線で結びましょう。

● Aさんが自分のおこづかいについて話しています。
「ぼくは毎月500円もらっています。使うのはだいたいマンガです。新しいのを買うときもあれば、古本屋で1冊100円くらいのを買うときもあります」
● Bさんが自分のおこづかいについて話しています。
「わたしは毎月決まったおこづかいはもらっていません。お手伝いするたびに50円もらえます。お手伝いはお皿ふきが多いです。先月は200円くらいになりました。使うことはあまりなくて貯金箱に入れています」
● Cさんが自分のおこづかいについて話しています。
「ぼくは毎月400円もらっています。4年生だからです。もっとおこづかいが多ければなぁと思いますが、一緒に住んでいるおばあちゃんにおこづかいとは別に買ってもらうことも多いです。この前はようかいのシールを買いました。残りは近所のだがし屋で使いました」
● Dさんが自分のおこづかいについて話しています。
「わたしは毎月1000円もらっています。多くもらっているのは、その中からノートやえんぴつなど、学校で必要なものも買うことに

なっているからです。残ったらゲームソフトを買うために貯金しています」
答え：Aさん：買うもの7
　　　Bさん：買うもの1
　　　Cさん：買うもの2
　　　Dさん：買うもの5

[2-6] 習字で書いた字
　今日は学校で習字の授業がありました。今までいろいろな字を練習してきたのですが、今日は夏休み前の最後の授業だったので好きな字を書いていいことになりました。正しい組み合わせを線で結びましょう。

● Aさんが自分の書いた字について話しています。
「ぼくは植物の名前でなにかいいのはないかなと考えていたら、夏の今にぴったりの四文字のことばが思いうかびました」
● Bさんが自分の書いた字について話しています。
「紙いっぱいに大きく書くのが好きなので、わたしは漢字一文字にしました。今年の夏も家族で行きたいなと思って書きました」
● Cさんが自分の書いた字について話しています。
「ぼくは最初漢字で『動物』と書くつもりでしたが、ちょっと難しかったのでやめて、似た意味のことばにしました」
● Dさんが自分の書いた字について話しています。
「わたしは『晴れる』という字が好きなので入れました。漢字で二文字のことばにしました」
答え：Aさん：ことば3
　　　Bさん：ことば6
　　　Cさん：ことば5

Dさん：ことば4

♠ 地図を見ながら聞こう (p.46〜)

➡ ねらい

地図を見ながら指示された話を聞き、その通りに経路をたどる課題です。方向を表すことば（上下左右）や位置をさし示すことば（道なり、向かい側、十字路、T字路など）を聞いて理解し、主人公の視点に立って、左右を意識しながら進んでいく練習をします。

➡ 進め方

① 初めておこなう時は、地図用のコマ（指人形）をコピーし、コマを組み立てておきます。
② 子ども用シートとフィードバックシートをコピーしておきます。
③ 練習用読み上げ文で指示された方向に正しく進めるか、確認します。
④ 練習問題でやり方や方向の確認ができたら、ワークシートを配り、本題をおこないます。
⑤ 読み上げ文を読みます。主人公が進む方向によって左右がくるくる変わる問題は、コマなど（47ページ）を使いながらおこなうとやりやすいでしょう。

⑥ フィードバックシートを見せ、答えを確認します。

➡ 応用

- 最初のうちは問題の途中で一度、正しい場所にいるかどうかを確認してもよいでしょう。
- 位置や向きを示すことばを聞いて、ワークシート上で操作できるようになったら実際に町に出て、指示を聞いて動いたり、地図を見ながら町探検をしてみるのもよいでしょう。

➡ 読み上げ文

〈練習問題〉
① 家を出たら、右に進み、十字路のまん中で止まりましょう。今、どこにいますか？そこに①と書きましょう。
② 家を出たら左に進み、一つ目の十字路で右に曲がりましょう。今どこにいますか？そこに②と書きましょう。
③ 家を出たら、右に進み初めの四つ角で左に曲がります。すると、また十字路が見えるので、そこを右に曲がります。道のまん中で止まってください。今どこにいますか？そこに③と書きましょう。
※問題をやりながら印をつけてください。

[2-7] 友だちの家は、どこ？
　ぼくは今日、学校が終わった後、友だちのあきひとくんの家にあそびに行く約束をしています。あきひとくんからもらった地図を見ながら、あきひとくんの家を探してみよう！
① まず、ぼくの家を出たら、左に行きます。
② にこちゃんマークの家が見えたら、そこを右に曲がります。

③えんぴつマークの家の角を左に曲がって2軒目の家があきひとくんの家です。あきひとくんの家を○で囲みましょう。

[2-8] カギはどこでしょう
どこかに謎のトビラを開けるカギが隠されています。指令をよく聞いて、カギの隠し場所を探し出そう。
① スタートは左から2列目の下から3番目です。そこに◎を書きましょう。
② そこから1マス上に進みます。
③ 次に右に2マス進みます。そこから下に3マス進みます。（中間ヒント：今は右から2列目の1番下のマスにいるはずですよ）
④ そこから、左に1マス、上に1マス、さらに右に2マス進んでください。
⑤ もうすぐです。今いるところから上に1マス、最後に左に4マス進んでください。
⑥ そこがゴールです。☆印を書きましょう。

[2-9] 日曜日の買いもの
はるかちゃんは日曜日にお母さんとお出かけをしました。よくお話を聞いて、はるかちゃんとお母さんが入ったお店に○をつけましょう。
① みなみ駅を出たら、まん中の道を進み、まず、本屋さんに入りました。
② 本屋さんで絵本を買った後、そのまま道なりにまっすぐ進み、中学校の前を通り過ぎたら、角を右に曲がります。
③ 花屋さんでチューリップを買ってから、そのまま右に進み、T字路にぶつかったら、右に曲がります。
④ 通りの左側にある銀行に寄ってから、向かい側にあるレストランでハンバーグを食べてみなみ駅に戻りました。

[2-10] ドーナツどろぼうはだれ？
町のドーナツ屋さんからドーナツが盗まれました。まだ犯人は逃げています。町の人たちの話をよく聞いて、ドーナツどろぼうが誰なのか、見つけ出そう！
① 目撃者A「犯人はドーナツ屋さんを出てすぐの角を左に曲がっていったよ」
② 目撃者B「八百屋さんが見えてきたら、右に曲がって、スーパーとコンビニの間を通り過ぎ、コンビニとお寺の間の道をまっすぐ、すごいスピードで走って行ったよ」
③ 目撃者C「幼稚園がある角を右に曲がったよ。十字路にぶつかったら、右に曲がって、病院の前を通り、2本目の道を右に曲がったよ」
④ 目撃者D「犯人は自転車屋さんとガソリンスタンドの向かい側にまだいて、ドーナツを食べているよ」

答え：<u>リス</u>

[2-11] おつかい
けいたくんはお母さんからおつかいを頼まれました。けいたくんが通った道や入ったお店に印をつけて、文字を組み合わせると、けいたくんが何のおつかいを頼まれたかがわかります。けいたくんは何を買いに行くのか、お話をよく聞いて印をつけましょう。
① マンションを出たら右側に進みます。スーパーを過ぎて、T字路にぶつかったら、突きあたりを右に曲がり、2軒目の店に入りました。その店を○で囲んでください。
② そのまま道なりにまっすぐ進み、本屋さんの角を右に曲がります。十字路を過ぎて、カフェの手前のお店に入りました。その店を○で囲んでください。
③ お店を出たら、そのまま左に進みます。病院の手前の角を左に曲がり、十字路を過

ぎて、通りの左側にあるお店が最後のお店です。そこを〇で囲んでください。

④〇をつけた文字を下の（　　）に書きましょう。文字を並べ替えると、あることばができます。けいたくんは一体、何を買うように頼まれたでしょう？

　　　　　　　　　　答え：<u>はがき</u>

[2-12] パーティーの準備

　今日はひかりさんの家でパーティーです。これから、ひかりさんは町にパーティーの材料を買いにいくようです。ひかりさんが通った道や入ったお店に印をつけて、文字を組み合わせると、ひかりさんが何のパーティーの準備をしているかがわかります。ひかりさんがどのお店に行ったか、お話をよく聞いて印をつけましょう。

①☆マークの屋根の家を出たら、右に進みます。そのまま道なりに進み、1つ目の十字路にぶつかったら、左に曲がります。道の右側にあるお店が1つ目のお店です。〇で囲みましょう。

②お店を出たら、そのまま右へ進み、T字路を右に曲がって、突き当りまでずっとまっすぐ進みます。

③T字路に突きあたったら、左に曲がり、道の右側にあるお店に入ります。そのお店を〇で囲みましょう。

④3番目のお店は同じ通りの左側、さっき入ったお店の斜め向かい側にあります。

⑤3番目のお店を出たら、そのまま、左に進み、「う」と書いてあるお店を背にして、まっすぐ道なりに進みます。月マークの屋根の家の手前のお店が4番目のお店です。そこを〇で囲みましょう。

⑥最後、5番目のお店は4番目のお店の向かい側のお店です。そこを〇で囲みましょう。

⑦〇で囲んだ文字を下の（　　）に書きましょう。文字を並べ替えると、あることばができます。ひかりさんは一体なんのパーティーを開くのでしょう？

　　　　　　　　　答え：<u>ひなまつり</u>

2-1-2 マトリックスシート

2-1 食(た)べもの

2-1 食(た)べもの

2-2 身のまわりのもの

2-2 身のまわりのもの

2-3 ぼくの、わたしの先生

先生1

先生2

先生3

先生4

Aさん

Bさん

Cさん

Dさん

先生5

先生6

先生7

先生8

 ## ぼくの、わたしの先生

Aさん

先生5

Bさん

先生3

Cさん

先生8

Dさん

先生1

2-4 たこやきの材料

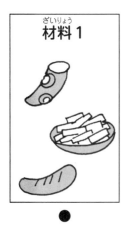
材料1

材料2

材料3

材料4

A班

B班

C班

D班

材料5

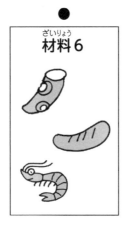
材料6

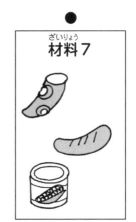
材料7

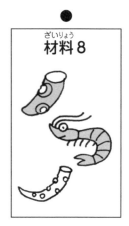
材料8

2-4 たこやきの材料

A班は材料3でした

B班は材料6でした

C班は材料4でした

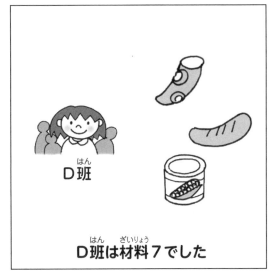

D班は材料7でした

2-5 おこづかいの使い道

買うもの1

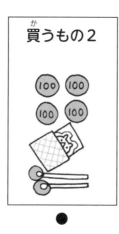
買うもの2

買うもの3

買うもの4

Aさん

Bさん

Cさん

Dさん

買うもの5

買うもの6

買うもの7

買うもの8

2-5 おこづかいの使い道

Aさん

買うもの7

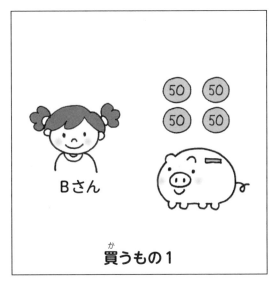

Bさん

買うもの1

Cさん

買うもの2

Dさん

買うもの5

 2-6 習字で書いた字

ことば1	ことば2	ことば3	ことば4
花	晴れ	ひまわり	晴天

 Aさん　 Bさん　 Cさん　 Dさん

ことば5	ことば6	ことば7	ことば8
生き物	海	草花	くわがた

2-6 習字で書いた字

Aさん

ことば3

Bさん

ことば6

Cさん

ことば5

Dさん

ことば4

● 地図用のコマ

　切りとって、中央の線で山折りにし、すごろくのコマのように使ったり、えんぴつの頭の部分に貼ってお使いください。

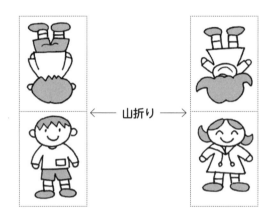

● 練習問題の答え

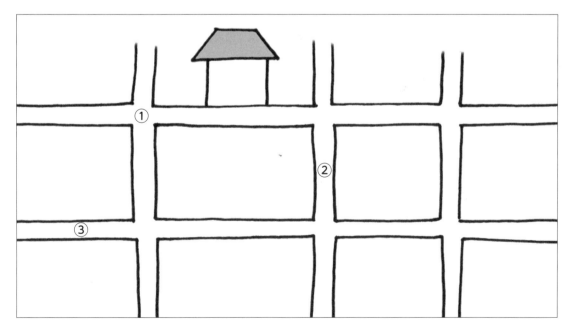

47

2-7 友だちの家は、どこ？

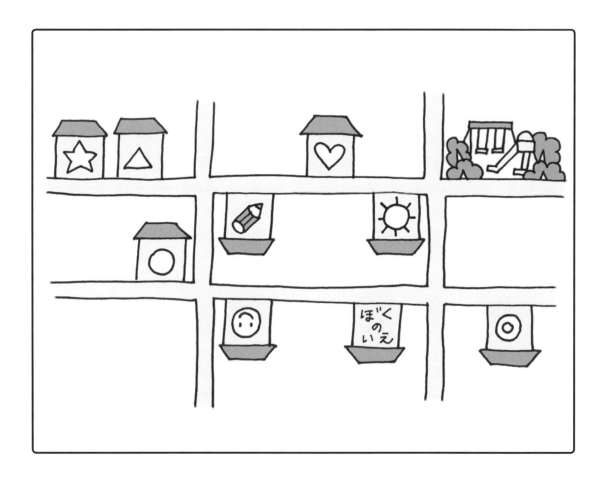

2-7 友だちの家は、どこ？

2-8 カギはどこでしょう

2-8 カギはどこでしょう

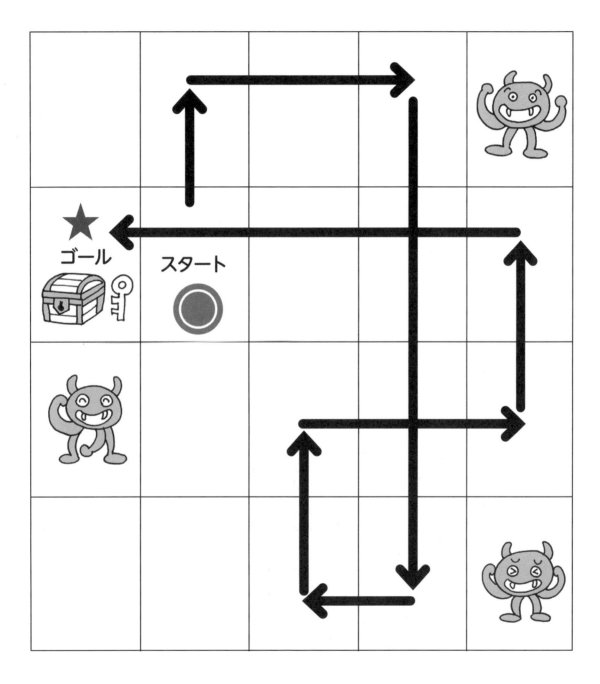

2-9 日曜日の買いもの

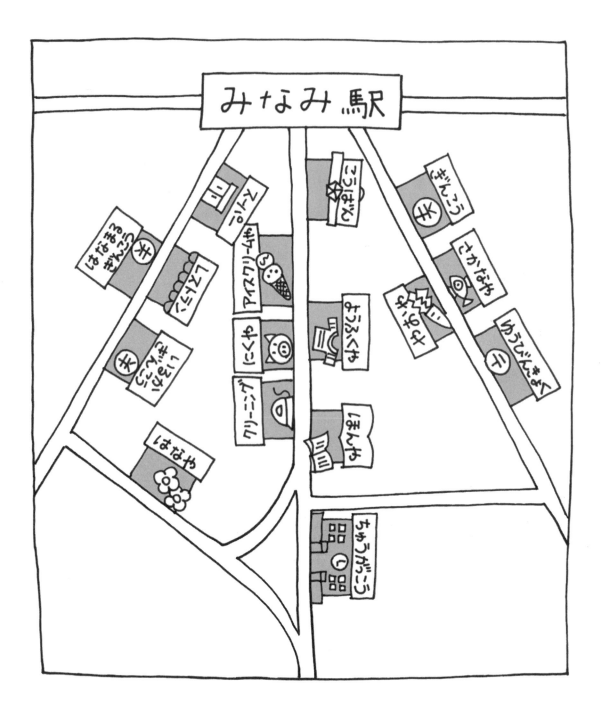

2-9 日曜日の買いもの

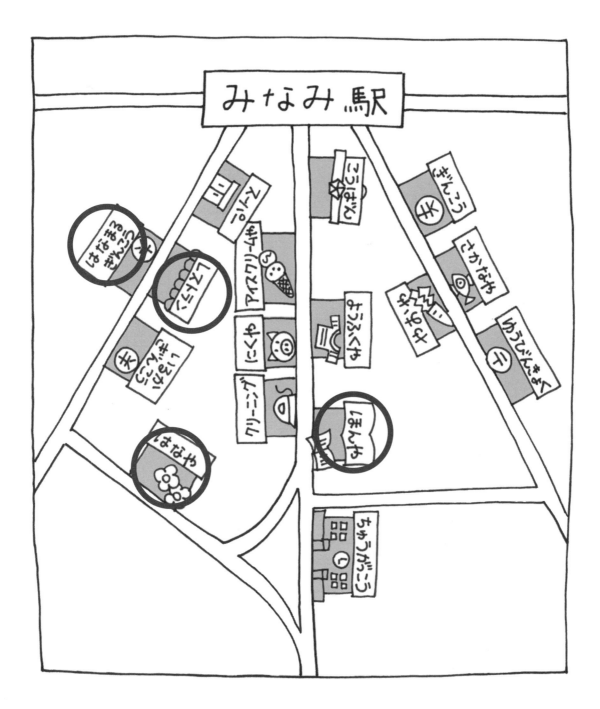

2-10 ドーナツどろぼうはだれ？

ドーナツどろぼうはだれ？

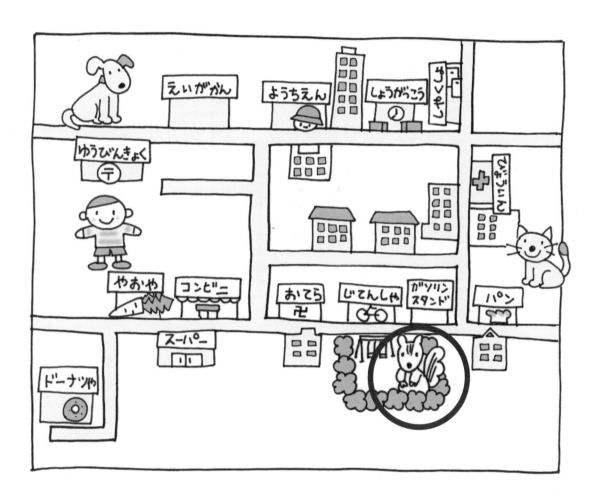

2-11 おつかい

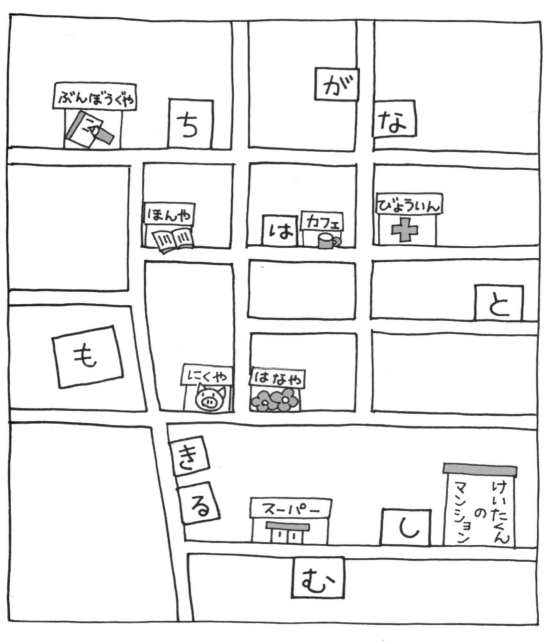

① (　　　)　② (　　　)　③ (　　　)

ならべかえると… ☐☐☐

2-11 おつかい

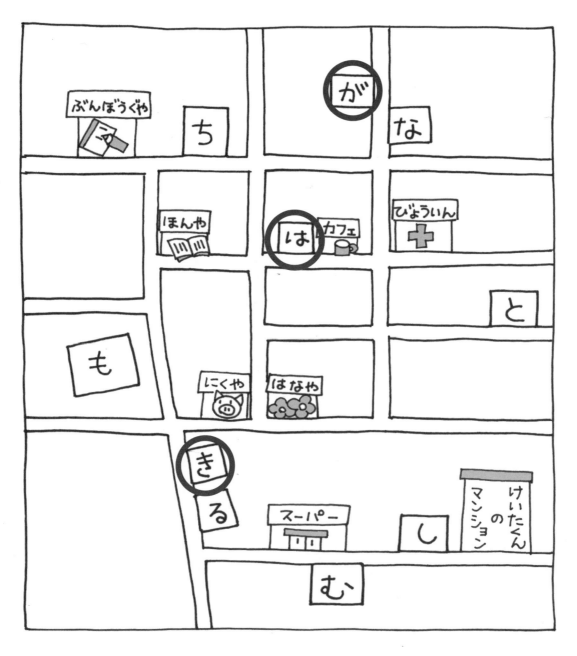

① (き)　② (は)　③ (が)

ならべかえると… | は | が | き |

 パーティーの準備

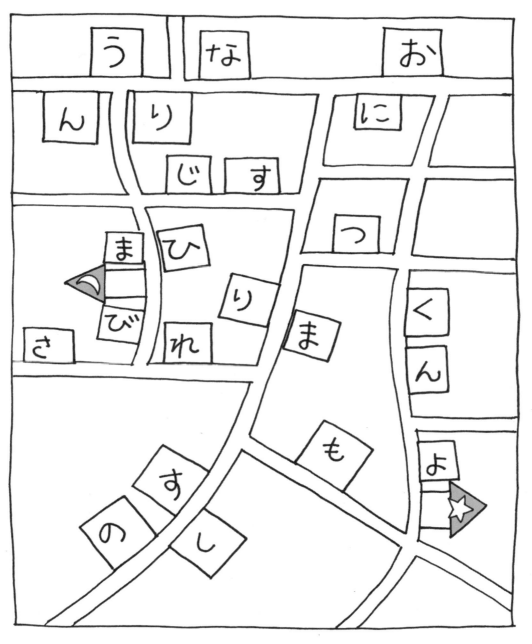

① (　　　) ② (　　　) ③ (　　　) ④ (　　　) ⑤ (　　　)

ならべかえると…　|　|　|　|　|　|

2-12 パーティーの準備

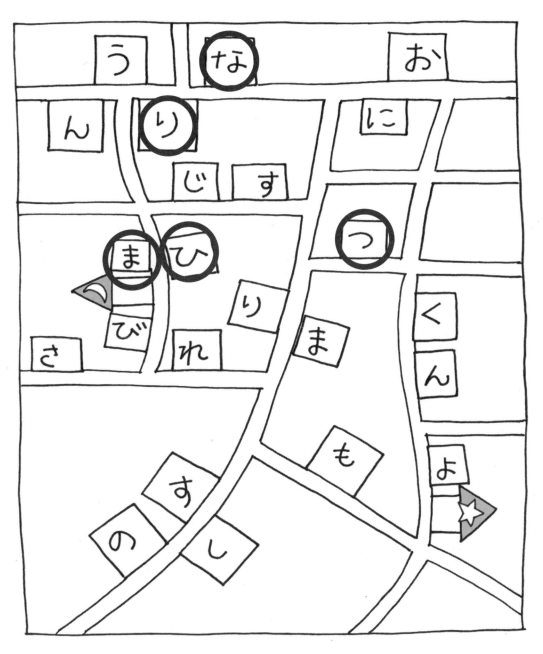

①(つ) ②(な) ③(り) ④(ま) ⑤(ひ)

ならべかえると… | ひ | な | ま | つ | り |

3 プリントの言われたところに しるしをつけよう (p.62〜)

➡ねらい

プリントを見ながら、指示を聞いて、言われた箇所に注目することを練習する問題です。たくさんの視覚刺激に惑わされずに、「大切な指示を聞く」「必要なところだけに注目する」という2つの作業を同時におこなえることをめざします。

➡進め方

①事前の準備として、子ども用シートとフィードバックシートをコピーしておきます。
②子ども用シートを配ります。
③読み上げ文を読みます。
④フィードバックシートを見せ、答えを確認します。

➡読み上げ文

[3-1] 遠足のしおり
　今からこのプリントに3か所、印をつけたり、線を引いてもらいます。よく聞きながら、やりましょう。もし、聞き逃してしまったら、「もう1度言ってください」と言いましょう。
①大きな2番、「集合時間と集合場所」の「南口改札」のところに線を引きましょう。
②大きな3番の④のおやつの後に「300円分」と書きたしてください。
③大きな3番の⑤飲み物ですが、スポーツドリンクやジュースはダメです。必ずお茶かお水にしてほしいので、「お茶かお水」の下に波線を引いてください。

[3-2] 中央小祭りのお知らせ
　10月25日土曜日は、中央小のお祭りの日です。
　この日は1年生から6年生まで、みんながお祭りでお店の店員になったり、他のお店にお買いものに行ったりします。学年によって、来る時間や集まる場所が違うので、今からよく聞いて、印をつけましょう。

※読み上げ文中の（　）内はお子さんの学年に合わせて読み替えてください。
①まず、1つ目の◎、「日にちと時間」のところを見てください。
　お店と買いものというところに時間が書いてあります。（　）年生はお店が10時からなので、10時〜11時に○をしてください。
　次に、買いものと書いてあるところを見てください。（　）年生は11時から買いものに出かけますので、今度は11時〜12時に○をしてください。できましたか？
②次に2つ目の◎、「集合場所」のところを見ましょう。このクラスの集合場所は1階玄関、靴箱の横です。そこに○をつけて、その上に9：45に集合と書きましょう。書けましたか？
③次に4つめの◎、「持ちもの」の話をします。3番目の黒丸（・）のところに500円か800円と書いてありますが、（　）年生のおこづかいは500円です。500円に○をしてください。
④最後に地図がありますが、今からこのクラスが見てまわる順番を言うので、地図に番号を書いてください。最初は、校舎のお店に行くので、校舎に（1）と書いてくだ

さい。その後で、校庭に行き、大きいシャボン玉をつくろうの実験コーナーに行きます。ですので、校庭に（2）と書きましょう。最後にゲーム屋さんなどたくさんのお店がある体育館に行くので、体育館に（3）と書いてください。

[3-3] 時間割の変こう

来週の土曜日は音楽発表会なので、来週の時間割がいつもと違います。

直すところが3か所あるので、よく聞いて、直してください。

①まず1つ目は火曜日の朝です。1時間目の国語の前に8：30～歌の練習をしますので、国語の国という字の上に「8：30～うた」と書いてください。

②次は、木曜日の4時間目です。ここの「図書」の時間を歌の練習にします。図書を二重線で消して、下に「うた」と書きましょう。

③最後に、金曜日の3、4時間目は両方ともリハーサルになります。算数と社会を二重線で消して、リハーサルと書いてください。

[3-4] 算数のプリント

今日はテスト前なので、長さの復習をします。今から大事なところを伝えるので、赤えんぴつで印をつけましょう。

①まず、上から2行目の途中から3行目に「長い道のりや距離を表す時には新しい単位『㎞（キロメートル）』を使います」と書いてありますが、長い道のり、距離、キロメートルというところに線を引きましょう。

②続けて、その下に四角でかこってある「1㎞＝1000m」というところを赤で囲みましょう。

③それから、②の問題の下、「長さをはかる時には…」と書いてあるところを見てください。「長いものをはかる時や」から「まきじゃく」というところまで波線を引きましょう。

④テストには、㎞をmに換える問題を出しますので、練習問題①のような問題ができるようにしておいてください。練習問題①に○をつけて中に、テと書いておきましょう。

※練習問題の解答は必要に応じて記入してください。

※②の答えあわせのためにフィードバックシートの「1㎞＝1000m」は赤ペンなどで囲んでください。

[3-5] 国語のプリント

今日から『ジャックと豆のつる』の勉強をします。今から先生が言った通りに教科書に印をつけていきましょう。

①まず1行目、「むかし、あるところに…」の上に①と書きましょう。

②次に、まん中のあたり、後ろから6行目のところに「次の日」と書いてあります。そこから2段落が始まるので、そこに②と書いてください。

③今、印をつけた第2段落の前から2行目に「知らないおじいさん」、という登場人物が出てきます。この人は話の中で大切な人なので、「知らないおじいさん」というところを四角で囲みましょう。

④最後に、登場人物の話ことばに印をつけましょう。前から4行目の最初、「あぁ、どうすればいいの？」の横に縦線を引きましょう。次は町で出会ったおじいさんのことばに線を引きます。後ろから4行目、「きみはいったい　どこへ行くつもりなんだい？」というところの横に波線を引いてください。

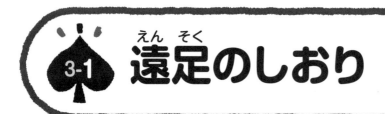

遠足のしおり

1：日時・場所
　　10月17日（木）　キラキラ公園

2：集合時間と集合場所
　　集合時間：8時40分
　　集合場所：なかよし駅　南口改札

3：持ち物
　　①帽子　　　②ハンカチ・ティッシュ
　　③お弁当　　④おやつ　　　　　　⑤水筒（中身はお茶かお水）

4：スケジュール

8:40	なかよし駅南口改札に集合
9:00	なかよし駅を出発 ⇒ キラキラ公園のある○○駅へ
10:00〜11:30	みんなで外遊び （ドッジボール・葉っぱをひろって、工作）
11:30	お弁当・おやつタイム
13:00	なかよし駅南口改札で解散

遠足のしおり

1：**日時・場所**
   10月17日（木）　キラキラ公園

2：**集合時間と集合場所**
   集合時間：8時40分
   集合場所：なかよし駅　南口改札

3：**持ち物**
   ①帽子　　　②ハンカチ・ティッシュ
   ③お弁当　　④おやつ 300円分　　　⑤水筒（中身はお茶かお水）

4：**スケジュール**

8:40	なかよし駅南口改札に集合
9:00	なかよし駅を出発 ⇒ キラキラ公園のある○○駅へ
10:00〜11:30	みんなで外遊び（ドッジボール・葉っぱをひろって、工作）
11:30	お弁当・おやつタイム
13:00	なかよし駅南口改札で解散

 # 中央小祭りのお知らせ

中央小祭りのお知らせ

◎日にちと時間　10月25日（土）

〈お　　店〉・10：00～11：00　　・11：00～12：00

〈買いもの〉・10：00～11：00　　・11：00～12：00

◎集合場所
- 校庭のサッカーゴールの前
- 1階　くつ箱の横
- 体育館
- 図書室

◎出ているお店
- チョコバナナ　・「大きいシャボン玉をつくろう」じっけんコーナー
- お話よみ聞かせ会　など

◎持ちもの
- 水筒　・バッグ（買ったものを入れる）
- 500円　か　800円

●地図

3-2 中央小祭りのお知らせ

中央小祭りのお知らせ

◎日にちと時間　10月25日（土）

〈お　　店〉・(10：00～11：00)　　・11：00～12：00

〈買いもの〉・10：00～11：00　　・(11：00～12：00)

◎集合場所　　　　　　　　　　　9：45集合
　・校庭のサッカーゴールの前　・1階 (くつ箱の横)
　・体育館　　　　　　　　　　・図書室

◎出ているお店
　・チョコバナナ　・「大きいシャボン玉をつくろう」じっけんコーナー
　・お話よみ聞かせ会　など

◎持ちもの
　・水筒　・バッグ（買ったものを入れる）
　・(500円)か　800円

●地図

3-3 時間割の変こう

	月	火	水	木	金
1	国	国	国	算	国
2	算	社	書	体	理
3	理	算	算	音	算
4	社	音	理	図書	社
給食・お昼休み					
5	総	学	クラブ委員会	国	図
6	総	体		道	図

# 時間割の変こう

	月	火	水	木	金
1	国	8:30〜うた 国	国	算	国
2	算	社	書	体	理
3	理	算	算	音	~~算~~ リハーサル
4	社	音	理	~~図~~書 うた	~~社~~ リハーサル
給食・お昼休み					
5	総	学	クラブ委員会	国	図
6	総	体		道	図

3-4 算数のプリント

長さ

長さを表す単位には、m（メートル）やcm（センチメートル）、mm（ミリメートル）などがありますが、長い道のりやきょりを表す時には新しい単位「km（キロメートル）」を使います。

$$1km = 1000m$$

[練習問題]

1 □ にあてはまる数を書きましょう。
　① 3km = □ m　　② 1800m = □ km □ m
　③ 5000m = □ km　④ 6km50m = □ m

2 あてはまる長さの単位（mm、cm、m、km）を書きましょう。
　① ノートの厚さ = 3（　）　　② 東京タワーの高さ = 333（　）
　③ 東京〜名古屋のきょり = 340（　）　④ 教科書の厚さ = 1.5（　）

長さをはかる時には「ものさし（じょうぎ）」を使いますが、長いものをはかる時やまわりの長さをはかる時には、「**まきじゃく**」を使うとべんりです。

3 次のものの長さをはかる時はどれを使うとよいでしょう。あてはまる記号を書きましょう。

　㋐ 30cm ものさし　㋑ 1m ものさし　㋒ まきじゃく

（1）教科書のたてとよこ（　　）
（2）池のまわり（　　）
（3）えんぴつの長さ（　　）
（4）ろうかの長さ（　　）
（5）きょうしつの机のたてとよこ（　　）

3-4 算数のプリント

長さ

長さを表す単位には、m（メートル）やcm（センチメートル）、mm（ミリメートル）などがありますが、長い道のりやきょりを表す時には新しい単位「km（キロメートル）」を使います。

$$1km = 1000m$$

[練習問題]

1. ☐ にあてはまる数を書きましょう。
   ① 3km = ☐ m
   ② 1800m = ☐ km ☐ m
   ③ 5000m = ☐ km
   ④ 6km50m = ☐ m

2. あてはまる長さの単位(mm、cm、m、km)を書きましょう。
   ① ノートの厚さ = 3（　）
   ② 東京タワーの高さ = 333（　）
   ③ 東京～名古屋のきょり = 340（　）
   ④ 教科書の厚さ = 1.5（　）

長さをはかる時には「ものさし（じょうぎ）」を使いますが、長いものをはかる時やまわりの長さをはかる時には、「まきじゃく」を使うとべんりです。

3. 次のものの長さをはかる時はどれを使うとよいでしょう。あてはまる記号を書きましょう。

　　㋐ 30cm ものさし　　㋑ 1m ものさし　　㋒ まきじゃく

（1）教科書のたてとよこ（　　）
（2）池のまわり（　　）
（3）えんぴつの長さ（　　）
（4）ろうかの長さ（　　）
（5）きょうしつの机のたてとよこ（　　）

国語のプリント

　むかし、あるところに、ジャックという男の子がお母さんと、いっぴきの牛とくらしていました。ところが、ある日、牛がおちちを出さなくなってしまいました。男の子とお母さんは牛が出したおちちをうってくらしていました。
　しんぱいするお母さんに向かって、ジャックは、
「あぁ、どうすればいいの？」
「元気出してよ、お母さん。ぼくが町へ行って、牛をうってくるよ。きっと、たくさんのお金になるよ。」
とはげましました。
　次の日、ジャックは牛といっしょに町へと出かけていきました。そのとちゅう、ジャックは知らないおじいさんに会いました。おじいさんはジャックに
「きみは、いったい どこへ行くつもりなんだい？」
とききました。
「町に行って、だれかにこの牛を買ってもらおうと思ってるんだ」
とジャックは、こたえました。

（『ジャックと豆のつる』より）

3-5 国語(こくご)のプリント

1 むかし、あるところに、ジャックという男(おとこ)の子(こ)がお母(かあ)さんと、いっぴきの牛(うし)とくらしていました。ところが、ある日(ひ)、牛(うし)がおちちを出(だ)さなくなってしまいました。

「あぁ、どうすればいいの?」

としんぱいするお母(かあ)さんに向(む)かって、ジャックは、

「元気(げんき)出(だ)してよ、お母(かあ)さん。ぼくが町(まち)へ行(い)って、牛(うし)をうってくるよ。きっと、たくさんのお金(かね)になるよ。」

とはげましました。

2 次(つぎ)の日(ひ)、ジャックは牛(うし)といっしょに町(まち)へと出(で)かけていきました。そのとちゅう、ジャックは 知(し)らないおじいさん に会(あ)いました。おじいさんはジャックに

「きみは、いったい どこへ行(い)くつもりなんだい?」

とききました。

「町(まち)に行(い)って、だれかにこの牛(うし)を買(か)ってもらおうと思(おも)ってるんだ」

とジャックは、こたえました。

(『ジャックと豆(まめ)のつる』より)

4 やりながら聞こう、途中でもやめよう

♠ やりながら聞こう (p.78〜)

➡ねらい
この問題では、作業中に、別の新たな指示を受けた時の聞きとりの仕方を練習します。集団の中の活動では、作業の途中で指示が増えたり、話を聞く子どものペースよりも早くに次の指示が出ることがあります。そのような場面になれる練習をします。

➡進め方［4-1〜4-6］
①事前の準備として、子ども用シートとフィードバックシートをコピーしておきます。
②子どもに子ども用シートを渡し、絵の名称を知っているか確認します。
③読み上げ文を読みます。
④子どもが作業をおこなっている間に、その次の指示を出します。
⑤終了したら、フィードバックシートを見せて答えを確認します。

➡応用
子どもが二番目の指示を覚えられない場合は、「どうしたらいいかな」と、考えさせ、余白にメモを書いたり（例えば4-1なら「いちご△」と書く）、とりあえず2つ目の指示もやっておく（1このいちごに△をつけておく）などの工夫の仕方を相談してください。

➡読み上げ文

［4-1］くだもの
これから、言うものに○をつけてください。途中で別のものに印をつけて、と言うので覚えておき、最初の○つけが全部終わったら、二番目の印つけをして、すべて終わったらプリントを渡してください。

まず、リンゴを○で囲みましょう。（リンゴを3個囲んだ時点で）リンゴの○つけが終わったら、次にいちごを△で囲みましょう。リンゴもいちごも終わったら、渡してください。

必要に応じて応用で示した方法を伝えます。

［4-2］どうぶつ
これから、言うものに○をつけてください。途中で、別のものに印をつけて、と言うので、それを聞いて覚えておき、最初の○つけが終わったら、二番目の印つけをして、全部終わったら先生に渡してください。

まず、くまを○で囲みましょう。（くまを3個囲んだ時点で）くまの○つけが終わったら、次に、うさぎを△で囲みましょう。くまもうさぎも、全部終わったら、プリントを渡してください。

必要に応じて応用で示した方法を伝えます。

［4-3］文ぼう具
これから、言うものに○をつけてください。途中で、別のものに決められた数○をつけて、と言うので、それを聞いて覚えておき、最初の○つけが終わったら、二番目の○つけをし、三番目の○つけも、全部終わったらプリントを渡してください。

「まず、えんぴつをすべて○で囲みましょう。（えんぴつを3本囲んだ時点で）次に、消

しゴムを3個○で囲み、ノートは2冊を○で囲みましょう。えんぴつ、消しゴム、ノートの○つけが全部終わったら、渡してください」

必要に応じて応用で示した方法を伝えます。

[4-4] 女の子、男の子

これから、子どもに○をつけてください。途中で、別の印のつけ方を言うので、それを聞いて覚えておき、全部終わったらプリントを渡してください。

まず、男の子を全員○で囲みましょう。（男の子を3人囲んだ時点で）次に、ぼうしをかぶった男の子は二重丸（◎）にしてください。全部終わったら、渡してください。

必要に応じて応用で示した方法を伝えます。

[4-5] はきもの

はじめに枠の中の絵の名称（ランドセル、プールバッグ、かさ、上履き袋）とまわりの絵の名称（くつ、上履き、長ぐつ、サンダル）を確認します。

これから、言うもの同士を線で結んでください。途中で、別の結び方も言うので、それを聞いて覚えておき、全部終わったらプリントを渡してください。

サンダルとプールバッグを結んでください。（サンダルを3足プールバッグに結んだ時点で）次に、上履きを上履き袋と結んでください。サンダルも上履きも全部終わったら、プリントを渡してください。

必要に応じて応用で示した方法を伝えます。

[4-6] お弁当

はじめに枠の中の絵の名称（ささのは、お皿、お弁当箱、お弁当袋）とまわりの絵の名称（おにぎり、サンドイッチ、お弁当、ドーナツ）を確認します。

これから、言うもの同士を線で結んでください。途中で、別の結び方も言うので、それを聞いて覚えておき、全部終わったらプリントを渡してください。

サンドイッチと皿を結んでください。（サンドイッチを3つ皿に結んだ時点で）次に、お弁当とお弁当袋を結んでください。サンドイッチもお弁当も全部終わったら、渡してください。

必要に応じて応用で示した方法を伝えます。

➡進め方 [4-7〜4-9]

①事前の準備として、子ども用シートを1部コピーしておきます。この問題はフィードバックシートはありません。必要に応じて、やったあと確認する「聞きとりチェックリスト」をコピーしておき、ふり返りとして使います。リストを使う場合は始める前にリストに書いてあることを意識して聞くように伝えます。

②子どもに子ども用シートを渡します。

③読み上げ文を読みます。

④子どもが作業をおこなっている間に、読み上げ文に従って、その次の指示を出します。

⑤「聞きとりチェックリスト」でふり返りをします。ふり返りは、大人と一緒に相談しながら☆がいくつかを決めてもいいですし、子どもが一人で☆にしるしを付けて、後で各行の余白に「先生から見ると☆☆でした」のようにコメントを書き込んであげてもいいです。

➡応用

指示が多すぎるようでしたら、出す量やタイミングは子どもの状況にあわせて減らしてください。

➡ 読み上げ文

[4-7] 計算・ことばクイズ

①「これからたくさんの計算やクイズをやってもらいます。他のことに気がちらないようにする練習です。＿や□にあてはまる数字やことばを書いていきましょう」と言って、子どもに記入を始めさせます。

②子どもが（3）くらいまで終わったら「習っていない問題があったら、そこはやらなくていいです」と言う。

③子どもが（5）くらいまで終わったら「（7）まで終わった人は来てください。わからない問題や手伝ってほしい問題があったら言ってください」と言う。

④子どもが来たら○をつけてあげ、「（12）までやってください」と伝える。

⑤（10）くらいまで終わった子が出たら、「全部終わった人は先生を呼んでください。そして○つけをしてもらった人は、下の線のところに、知っているなぞなぞやクイズを書いて待っていてください」と言う。

⑥終わって、クイズやなぞなぞを考えた子がいたら、それを発表してもらいます。

⑦「聞きとりチェックリスト」でふり返りをします。

[4-8] 自分シートづくり

①「自分のことをいろいろ書いてみましょう。終わったら、発表してもらいます」と言う。

②子どもはプリントへの記入を始めます。記入開始後しばらくしたら、「5番まで終わったら、一度先生に見せに来てください。わからないことがあったら、先生に聞きに来てください」と言います。

③8番くらいまで終わった子が出てきたら「終わったら、右下の枠に、自分の顔をかいてみましょう」と言います。

④自画像は描けていなくてもよいことにし、描き終わったら、発表します。項目数は必要に応じて決めてください。

⑤「聞きとりチェックリスト」でふり返りをします。

〈補足〉低学年では自分の住所や電話番号がわからない子もいると思います。知っているかどうか事前に確認しておくとよいですし、すべての項目を書かなくてもよいことにします。「知りません」と言う子、自分で書ける子もいるでしょうし、はじめに質問してきたらその場で答えます。そうでない場合は②で聞けるように（例えば「血液型がわからないのですがどうしたらいいですか」）促し、「知りません」と書けばいいと伝えます。

項目に関しては、この課題をおこなう場面や構成メンバーによって適宜変えてください。

[4-9] ことばの勉強

①準備シートとビンゴシートを人数分コピーしておきます。ビンゴシートはまん中で切り離し、2枚にしておきます。

②準備シートを配ってから「ことばの勉強をしましょう。ことばを思い浮かべる勉強です。これからくだものとどうぶつをできるだけたくさんマスに書いてもらいます。まずくだものからはじめてください」と言います。

③子どもがくだものを4〜5つくらい書けたころに、「くだものが8こ書けた人はビンゴの紙をもらいにきてください」と言います。

④子どもがビンゴシートをとりに来たら、「次はどうぶつを書いてください。ビンゴシートはまだ使いません」と言ってビンゴシー

トを2枚渡します。
⑤どうぶつをいくつか書きはじめたころに、「では、くだもの、どうぶつをそれぞれ8こ書けたら、それをビンゴシートの好きなマスに書きうつします」と言います。
⑥ビンゴシートへの記入が終わったら、ビンゴをしてあそびます。ビンゴのやり方は自由ですが、グループでおこなうときは、子どもたちが書き終わったビンゴシートをコピーして8つに切り分け、それをカゴなどに入れ一枚ずつとって読んでいくと子どもの意見が確実にコールされるので、少数派の意見も読んであげられるのでいいでしょう。また子どもたちの書いたことばにバリエーションが少ない、みんな同じようなことばを書いている場合は指導者が候補のことばをつけたしたりしておこなうとよいでしょう。
⑦「聞きとりチェックリスト」でふり返りをします。

♠ 途中でもやめよう (p.95〜)

➡ねらい

教室で全体指示を聞きもらしてしまう子の中には、注意の集中や持続、配分が難しく、好きなことはいつまでもやっていられる半面、苦手なことや嫌いなことになるとなかなか行動に移せなかったり、指示自体聞こうとしなかったりします。この問題では子どもたちにとって苦手な作業を途中で切り上げるという練習をします。

➡進め方 [4-10、4-11]

①事前の準備として、子ども用シートを1部コピーしておきます。この問題はフィードバックシートはありません。必要に応じて、「聞きとりチェックリスト」をコピーしておき、ふり返りとして使います。リストを使う場合は始める前に、リストに書いてあることを意識するように伝えます。
②子どもに子ども用シートと色えんぴつとえんぴつを渡します。
③読み上げ文を読みます。
④子どもが作業をおこなっている間に、読み上げ文に従ってその次の指示を出します。
⑤「聞きとりチェックリスト」でふり返りをします。ふり返りは、大人と一緒に相談しながら☆がいくつかを決めてもいいですし、子どもが一人で☆にしるしを付けて、後で各行の余白に「先生から見ると☆☆でした」のようにコメントを書き込んであげてもいいです。

➡読み上げ文

[4-10] モンスター
①「じつは、このモンスターには、本当は羽が生えています。このモンスターにえんぴつで羽を書いてください」と言い、子どもたちに羽を描かせます。
②開始後数分したら(作業が終わっていない段階で)「羽を書くのが途中でも、次はこのモンスターに色をぬってください。かっこいいモンスターにしあげてください」と言います。
③さらに数分したところで指導者が「では色ぬりはやめにして、このモンスターに名前をつけてあげましょう。色えんぴつはおいてください」と言い、名前を考えるように言います。
④複数でおこなう場合、名前を考えられた子

が何人か出てきたら「では、思いついた人に発表してもらいます。まだ名前が思いついていない人も考えるのをやめて、発表するひとの方を向きましょう」と言って何人かに発表してもらいます。
⑤「聞きとりチェックリスト」でふり返りをします。
〈補足〉途中で終わることを受け入れがたい子どもには後で必ずできる時を伝え、今は終わるように促しましょう。

[4-11] 未来の乗りもの

① 「これは未来の乗りものです。名前は『ビュンスター21』と言います。この乗りもののすごいところはジェットエンジンです。どんなジェットがふきだすのかあなたが考えて『ビュンスター21』のうしろに描いてください」と言い、子どもたちに絵を描かせます。
② 開始後、数分したら（作業が終わっていない段階で）「途中の人も、エンジンを描くのはやめて、ビュンスター21に色をぬってください。かっこよくしあげてください」と言う。
③ さらに数分したところで、「では途中の人も色ぬりはやめにして、下の文の続きを考えて書いてみましょう」と言います。
④ 複数でおこなう場合、何人か文を書き終えた子が出たら指導者が「では、書き終わった人に発表してもらいます。まだ終わってない人も一度やめて、発表する人の方を向きましょう」と言って何人かに発表してもらい終了します。
⑤ 「聞きとりチェックリスト」でふり返りをします。

〈補足〉途中で終わることを受け入れがたい子どもには、後で必ずできる時を伝え、今は終わるように促しましょう。

あそんでみよう！

だるまさんの一日！

指示を正確にすばやく聞きとり行動にうつすことをあそびを通して体験してみましょう。

●**用意するもの**：動きのお題を書いておく画用紙やホワイトボードなど

●**人数**：5〜10人くらいが楽しめます。

●**始める前の準備**：
① 「だるまさんがころんだ」のルールの確認
　このゲームを始める前に伝承あそび「だるまさんがころんだ」の基本ルールを確認して、実際にやってみます。地域や所属集団（園、学校）によって若干ルールが違うことがあるので、共通のやりかたを決めます。

② 「だるまさんの一日」をやるための準備
　ルールの確認ができたら、「今度はちょっと違ったやりかたでやりましょう」と説明を始めます。「『だるまさんがころんだ』の『ころんだ！』のところをさまざまな動きのことばにして、その動きをしたまま止まるルールに替えます。例えば、だるまさんが歯を磨いた！」などと言って歯磨きをした動作のまま動かない見本を示します。「これは『だるまさんの一日』と言います。みんなでだるまさんが一日の中でやりそうな動きを考えて教えてください」などと言って動きのアイディアを子どもたちから集め、画用紙やホワイトボードに書きとめておきます。「だるまさんが電車に乗った」「ラーメンを食べた」「泣いた」などさまざまなものがでると楽しく盛り上がります。状況によって子どもが意見を出しやすいようにイラストやジェスチャーなどでヒントを出します。10前後の動作が出たら、みんなで動きを確認します。

●**進め方**：
　鬼役の子（始めは大人が鬼をやると見本になる）は書きとめたお題の動作の中から好きなものをランダムに選んで「だるまさんが背伸びした！」「だるまさんが肩をたたいた」などと言ってあそびを進めます。鬼以外の子は指示をよく聞いて止まる時にすばやく動作をします。後のルールは「だるまさんがころんだ」と同じです。

●**応用**：
　動きを「だるまさんが右足をあげる」「右手で左ひじをさわる」などにすると、聞いて左右をすばやく判断するあそびにもなります。

4-1 くだもの

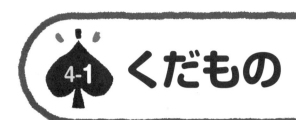

4-1 くだもの

♠ 4-2 どうぶつ

4-2 どうぶつ

4-3 文ぼう具

※消しゴムとノートは、数があっていればどれでもよいです。

女の子、男の子

4-4 女の子、男の子

 4-5 はきもの

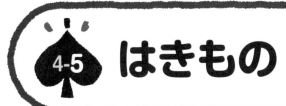

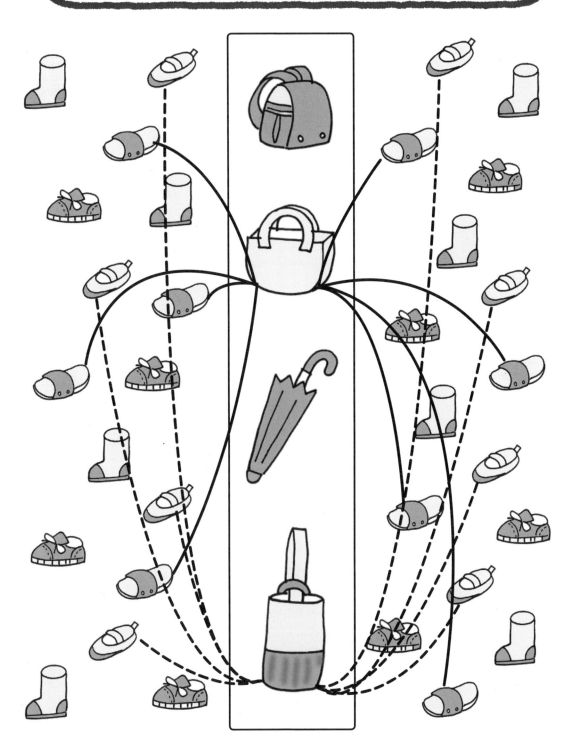

♠ 4-6 お弁当

4-6 お弁当

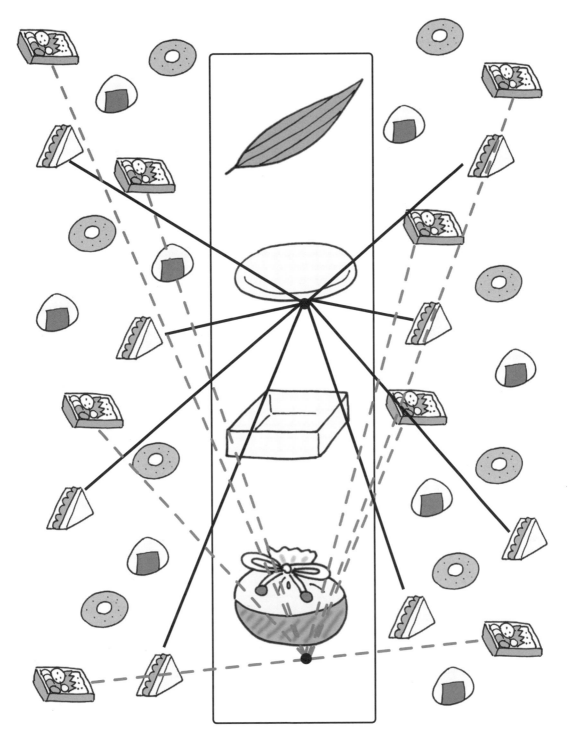

聞きとりチェックリスト

●ほしの数でチェックしよう（できたところまでぬろう！）

☆…うまくできなかった　　☆☆…まあまあかな　　☆☆☆…しっかりできた！

（1）はじめのせつめいをしずかに聞いた。	☆ ☆ ☆
（2）わからないことはしつもんした。	☆ ☆ ☆
（3）自分がもんだいをといているときでも、先生の話を聞いた。	☆ ☆ ☆
（4）先生に言われたことをわすれずにやった。	☆ ☆ ☆
（5）さぎょうのとちゅうでもしじどおりにやめられた。	☆ ☆ ☆

4-7 計算・ことばクイズ

(1) 8 × _____ = 56　　(2) _____ − 20 = 45

(3) さ行の4番目の文字は □　　(4) 7 × _____ = 42

(5) _____ + 20 = 45　　(6) 100 − _____ = 9

(7) 「あ」から始まることばを4つ書こう。

(8) _____ − 150 = 600　　(9) 100 ÷ _____ = 20

(10) 4つのきせつをかん字で書こう。

(11) _____ + 30 = 105　　(12) _____ × 7 = 49

4-8 自分シートづくり

●自分のことを書こう

①なまえ	
②かぞく	
③住所	
④電話番号	
⑤血液型	
⑥学校名	
⑦たんにんの先生のなまえ	
⑧学校でやっている係	
⑨好きなテレビ	
⑩今、ほしいもの	

4-9 ことばの勉強（じゅんびシート）

〈くだもの〉

1	2	3
4	5	6
7	8	9
10	11	12

〈どうぶつ〉

1	2	3
4	5	6
7	8	9
10	11	12

〈くだもの〉

	FREE	

------- キリトリ線 -------

〈どうぶつ〉

	FREE	

4-10 モンスター

モンスターの名前

4-11 未来の乗りもの

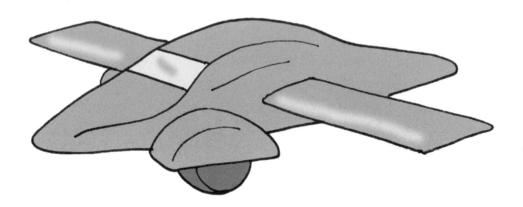

ビュンスター21にはいろいろなすごいところがあります。
文のつづきをかんがえましょう。

1つ目のすごさは速さです。その速さといったらまるで…
2つ目のすごさは強さです。そのじょうぶさといったらまるで…
3つ目のすごさはとべることです。とびかたや、とぶ高さはまるで…

5 お話の大事なところをよく聞こう (p.102〜)

➡ねらい
　この問題では短いお話を聞き、その中で重要と考えられるポイントを聞きとることを課題としています。会話を理解する上で基本的な内容である「いつ」「どこで」「だれが」「数（何回、何人など）」「順番（はじめに、次に、最後になど）」「だれがだれにしたのか」「何をしないといけないのか」などが聞きとれるようになることをめざしています。また、同じ意味合いを違うことばで言っても理解できるようになることをねらった問題もあります。

➡進め方
①事前の準備として子ども用シートとフィードバックシートをコピーしておきます。
②子どもにまず子ども用シートの問題を読ませ、どんなことに気をつけて聞くのかをあらかじめ意識させます。問題文の中にわからないことばがあったらその場で説明してから進めます。
③指導者が読み上げ文をゆっくり読みます。子どもは聞きながら答えがわかった段階で、随時正解を○で囲みます。
※全部読み終わってから問題にとりかかってもよいですが、記憶の負荷が大きくなります。ゆっくり読み上げられるのを聞きながら進めていくほうが望ましいです。子どもの様子によって「文は2回読みます」「3回読みます」または「もう一度読んでほしい時はそういってください」と言います。聞きもらした場合もその場で答えを教えるのではなく、「もう一度読むから、そこは飛ばして進みましょう」などと言い、文章の中で聞きとる練習ができるとよいでしょう。
　また時間の逆算など少し計算が必要な問題では「メモ」欄に書いておかせ、あとから答えを記入させるようにしてもよいでしょう。
④答え合わせをします。イメージイラスト（フィードバックシート）を見せながら、内容の確認をします。

➡応用
・文が子どもには長すぎると感じたら適宜短縮されるとよいでしょう。
・登場人物の名前や場所など固有名詞は興味をもつように子どもに近い人の名前などに置き換えてもよいでしょう。
・1問終わったら、そのことに関する子どもや指導者のエピソードなどを話すといいでしょう。

➡読み上げ文と解答

[5-1]　あそびの約束
　たけしくんは、教室そうじが終わったころ友だちとあそぶ約束をしました。
　「ねー今日あそべる？」とたけしくんが誘ったら、まず、わたるくんが「いいよー」と言ってくれました。たくみくんには「きょうはスイミングでだめなんだ」と断わられてしまいました。しょうくんは、「オッケー」といいました。
　「どこであそぶ？」「いつもの4丁目公園にしようよ」「うん、いいよ」「じゃあ3時半に校門の前で集まってから公園にいこうよ」「オッケー」と話し合いがまとまりました。
答え：質問1：②
　　　質問2：②
　　　質問3：③
　　　質問4：②

[5-2] ピアノの発表会
　この前の日曜日、えみさんのピアノの発表会が地区センターの小ホールでありました。えみさんは2曲演奏しました。そのうち1曲は弟と一緒に弾きました。少しドキドキしたけれど、まちがえずに弾くことができました。友だちのみきさんとちひろさんが聞きに来てくれました。演奏が終わった後、2人から花束をもらいました。また、ホールから帰る時にピアノの先生が「よくがんばったね」と言って音符の書いてあるファイルをくれました。

答え：質問1：②
　　　質問2：②
　　　質問3：②③
　　　質問4：④

[5-3]　ドッジボール大会
　学年全体でやる、ドッジボール大会のやり方を先生が説明しています。
　「みなさん、よく聞いてください。1組と2組、それぞれ3チームずつチームをつくります。全部のチームと1回ずつ戦います。ルールを言います。始めの外野は3人、全部男子とか全部女子とかにならないようにしてくださいね。試合時間は5分間です。内野に何人残ったかで勝負を決めます。校庭には3つのコートをつくります」

答え：質問1：③
　　　質問2：②
　　　質問3：②③
　　　質問4：5分

[5-4] けが
　そうたくんは給食を食べた後の休み時間にドッジボールをしていたら、ころんで足くびをすりむいてしまいました。まず校庭の水道で泥を洗い流しました。そして保健室に行ってみたら、「今、先生は職員室にいます」と言う札が下がっていたので、職員室に行きました。職員室にいた養護の先生と保健室に行き、手当てをしてもらいました。消毒してもらった後、ばんそうこうをはってもらいました。「少し腫れているから氷で冷やしましょう。溶けるまで氷をあてておいてね」と言われました。

答え：質問1：③
　　　質問2：③
　　　質問3：④
　　　質問4：③

[5-5] るす番
　るみちゃんはお母さんに頼まれて妹と留守番をしていました。今、お母さんから電話がありました。銀行が混んでいて家に着くまであと1時間くらいかかると言っていました。時計をみるともうすぐ2時です。「あぁ、早くおやつ食べたいな～」とるみちゃんが思っていると、ピンポーンと玄関のチャイムがなりました。インターホンで見てみると宅配便の人でした。受けとり方がわからないので、でるのをやめました。しばらくするとお母さんが「ごめんね」と言って、ケーキを買って帰ってきました。

答え：質問1：②
　　　質問2：③
　　　質問3：②
　　　質問4：②

[5-6] 水やり
　まさおくんは生活科の時間にトマトを育てることにしました。えりちゃんはオクラを育てます。水やりは中休みにすることになっています。先週までは雨の日が続いていたの

で、水やりはお休みになっていました。土曜日から晴れて暑くなってきましたが、月曜日まさおくんはうっかり水やりのことを忘れて中休みにこうたくんとサッカーをしていました。するとえりちゃんが来て「たいへん、まさおくんのトマトぐったりしているよ」と教えてくれました。まさおくんは急いで水やりに行きました。

答え：質問1：トマト
　　　質問2：中休み
　　　質問3：土曜日
　　　質問4：えりちゃん

[5-7] こままわし

木曜日の4時間目は地域のお年寄りの人たちに昔あそびを教えてもらいました。

ぼくはこままわしを吉田さんに教えてもらいました。幼稚園の時に少しやったことがありましたが、久しぶりにやったらはじめは全然まわりませんでした。

吉田さんがこまを手から離すタイミングを何度も教えてくれて、くり返しやっていただんだんできるようになりました。「練習したい人は今日から1週間こまを貸してあげますよ」と先生が言ったので、ぼくは今度の土曜日にお父さんとやろうと思って借りることにしました。

答え：質問1：③
　　　質問2：②
　　　質問3：③
　　　質問4：②

[5-8] 売りきれ？

今日は6月10日、なおやくんが毎月買っているマンガ「ぽこぽこコミック」の発売日です。特に今日出る7月号はなおやくんの大好きなマンガのイラストの下敷きが付録についているので、朝から楽しみにしていました。学校から帰ると500円玉をポケットに入れて、お気に入りの自転車に乗って近くの本屋さんに買いに行きました。ところがマンガコーナーには「ぽこぽこコミック」は1冊もありません。ぐるぐるその辺りを探して見ても見つかりません。売りきれてしまったようです。しかたなくお店の人に「ぽこぽこコミックは売りきれちゃったんですか」と聞いてみました。すると店員さんは「ぽこぽこコミックの発売日は今月から15日に変わりましたよ」と言いました。

答え：質問1：①
　　　質問2：②
　　　質問3：①
　　　質問4：②

[5-9] しゅくだい

ひろしくんは夕ごはんを食べている時に、急に国語の宿題があったことを思い出しました。授業中終わらなかったおすすめの本紹介のカードを明日までに仕上げないといけないのです。必ず書かないといけないことが確か4つあったはずです。本の題名と、作者とあとはなんだったかな…。今、持っている書きかけのカードにはそのことが書いてありません。「どうしよう」と思い、こうたくんに電話で聞くことにしました。でもこうたくんはもう完成して昨日提出していて、思い出せませんでした。次にゆきなちゃんに電話してみました。すると「私は今日出したよ。あとは登場人物とお話で好きなところを書くんだよ」と教えてくれました。

答え：質問1：②
　　　質問2：①④
　　　質問3：②

質問4：③

[5-10] 花火大会

りょうたくんが夏休みのことについて発表しています。

今年の夏休みは海の花火大会に行けたのがいい思い出です。おばあちゃんのところに泊まったときに、ちょうど花火大会がありました。親せきのおじちゃんに連れて行ってもらって、いとこのあやちゃんとけんたくんも一緒に行きました。砂浜にシートをしいておばあちゃんにつくってもらったおにぎりを食べながら暗くなるのを待ちました。1時間くらい待って7時から始まりました。花火はすごく大きくてすごくきれいでした。9時くらいまでやっていました。はがきに花火の絵を書いてお母さんにも知らせました。

答え：質問1：海（または砂浜）
　　　質問2：6時
　　　質問3：4人
　　　質問4：行かない（なぜそう思うか説明もしてもらいましょう）

[5-11] 町たんけんのそうだん

さとしくんは学校の周りの地図をつくるためにこれからグループで町たんけんをします。グループのメンバーみんなで場所をわけて調べることにしました。調べるところは交番とコンビニと本屋さんと保育園と中央公園と図書館です。さとしくんはグループのななちゃんとみくちゃんとだいくんと相談して次のように調べることにしました。一つの場所に2人ずつで行くこと。まずみんなで好きな場所を一つずつ選ぶこと。行きたいところが3人になったらジャンケンで勝った2人が行くことにすることです。はじめに全員がコンビニに行きたいと言ったのでジャンケンしただいくんとみくちゃんに決まりました。その後、ななちゃんは保育園、さとしくんは交番を選び、二つ目もジャンケンをしながら上手にわけることができました。

答え：質問1：6か所
　　　質問2：4人
　　　質問3：2人
　　　質問4：ななちゃん

[5-12] かん字テスト

ゆうちゃんのクラスは毎週金曜日に漢字テストがあります。漢字が苦手なゆうちゃんは水曜日から一生懸命練習しました。全部で10問、5問は読み、5問は書きの問題です。今回は漢字スキルの20ページから24ページまでの漢字です。練習はたくさんしたのですが、画数が多くて自信のない文字が3つあります。「それができませんように！」ゆうちゃんは願いました。テスト用紙が配られました。ドキドキしながら問題をみると、ゆうちゃんの自信のない漢字は…残念！一つだけ出されていました。でも思い出しながらなんとかすべて書いてテストは終わりました。あぁ漢字が得意になりたいな～とゆうちゃんは思いました。

答え：質問1：金曜日
　　　質問2：5問
　　　質問3：20ページから24ページ
　　　質問4：②

[5-13] 教室そうじ

これからのぞみさんのクラスの教室そうじのやりかたを話します。今週の教室そうじは1班と2班の10人でやります。あなたものぞみさんのクラスの1班の一人だと思ってよく聞いてください。10人の半分がほうき係、半分が水拭き係です。あなたは今週はほうき

係です。まずそうじの前にクラスのみんなが自分の机を後ろに下げてからそれぞれのそうじ場所に移動します。次にほうき係がはきます。ほうき係がはき終わったら水拭き係が床の水拭きをします。ほうきの人は、次は机を拭きます。今度は1班と2班全員で机を前に運び、ほうき係が教室の後ろをはき、水拭き係が床を拭きます。最後に教室そうじみんなで机を運んでおしまいです。

答え：質問１：②
　　　質問２：④
　　　質問３：①②④⑤⑥⑧

[5-14] うんどう会

明日はしんじくんの学校の運動会です。布団についたしんじくんはなかなか眠れません。なぜかというとずっと練習していた体操を忘れずにうまく踊れるのかと70メートル走でころばずにしっかり走れるのかが心配で仕方がないです。楽しみな気持ちもあるのですが、やっぱり不安な気持ちのほうが今は大きいのです。そんな様子に気がついたお母さんがやってきて言いました。「失敗しても大丈夫、今までがんばっていたこと知っているからね。お母さんも明日のお弁当の卵焼き焦がさないかどうか心配よ」それを聞いたしんじくんはちょっとだけホッとして目をつぶり、学校の校庭を思い出しながら眠りました。

答え：質問１：③
　　　質問２：②
　　　質問３：②（または③）どちらでも理
　　　　　　　由がきちんと言えていればよ
　　　　　　　しとします。
　　　質問４：②

[5-15] おわかれパーティー

なつみさんは保育園の時から友だちだったあいさんがお父さんの仕事の都合で引っ越すことをきのう知りました。引っ越しは来月の5日だそうです。引っ越しまであと3週間くらいしかありません。なかよしのあいさんが遠くに行ってしまうことはなつみさんにとってはとても悲しいことです。友だちのゆりなさんやさやかさんと相談してお別れパーティーを開くことにしました。来週の土曜日になつみさんの家でおこなうことにしました。みんなであいさんの好きなものを集めたパーティーにしようと考えました。あいさんの好きなイチゴのケーキとミルクティー、好きなボードゲームやカードゲームを用意しました。きっとあいさんも喜んでくれるでしょう。

答え：質問１：来月の5日（あと3週間後）
　　　質問２：きのう
　　　質問３：来週の土曜日
　　　質問４：（イチゴのケーキやミルクティー、ボードゲーム、カードゲームなど）あいさんの好きなものを集めたパーティー

● 話を聞きながら、あてはまるこたえを　まるでかこみましょう。

しつもん1　何人で　あそぶことに　なりましたか。

しつもん2　待ち合わせの　時間は　何時ですか。

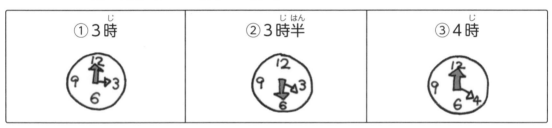

しつもん3　集合場所は　どこですか。

しつもん4　あそぶところは　どこですか。

5-1 あそびの約束

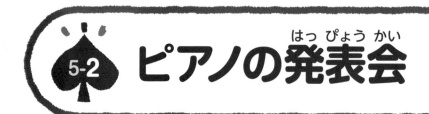

● 話を聞きながら、あてはまるこたえを　まるでかこみましょう。

※こたえが1つではないもんだいもあります。

しつもん1　ピアノの発表会は　どこで　ありましたか。

しつもん2　えみさんは　何曲発表しましたか。

しつもん3　花たば　は　だれから　もらいましたか。

しつもん4　おんぷのファイル　は　だれから　もらいましたか。

5-2 ピアノの発表会

ドッジボール大会

● 話を聞きながら、あてはまるこたえを まるでかこんだり、こたえを書きましょう。
※こたえが1つではないもんだいもあります。

しつもん1　1組と2組合わせて、何チームつくりますか。

| ① 2チーム | ② 3チーム | ③ 6チーム |

しつもん2　コートは いくつ つくりますか。

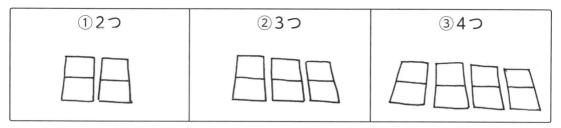

しつもん3　はじめに 外野になる人の 男女の人数で 正しいものはどれですか。

しつもん4　しあい時間は 何分ですか。

 ドッジボール大会

● 話を聞きながら、あてはまるこたえを　まるでかこみましょう。

しつもん1　いつ　けがを　しましたか。

しつもん2　どこを　けがしましたか。

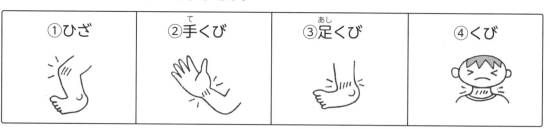

しつもん3　けがをした後、はじめに　どこに　行きましたか。

しつもん4　保健の先生は　どこに　いましたか。

5-4 けが

5-5 るす番

● 話を聞きながら、あてはまるこたえを　まるでかこみましょう。

しつもん1　るす番しているのは　何人ですか。

① 1人　　② 2人　　③ 3人

しつもん2　お母さんが　帰ってくるのは　何時ごろになりますか。

① 1時　　② 2時　　③ 3時

しつもん3　るす番をしているときに　家にきた人は　だれですか。

① ぎん行の人　　② たくはいびんの人　　③ ケーキ屋さん

しつもん4　おかあさんは　なぜ「ごめんね」と　いったのでしょうか。

① るす番をたのんだから
② るす番の時間が長くなったから
③ たくはいの受けとりかたを教えてなかったから

5-5 るす番

5-6 水やり

● 話を聞きながら、こたえを書きましょう。

しつもん1　まさおくんが　育てているのは　何ですか。

しつもん2　水やりは　いつすることに　なっていますか。

しつもん3　天気がよくなってきたのは　いつからですか。

しつもん4　まさおくんに　水やりのことを　教えてくれたのは　だれですか。

5-6 水やり

5-7 こままわし

●話を聞きながら、あてはまるこたえを　まるでかこみましょう。

しつもん1　吉田さんとは　だれですか。

① もとようち園の先生　　② 友だちのお父さん　　③ 近所の人

しつもん2　「ぼく」は　こままわしを　今までにしたことはあるでしょうか。

① ない　　② ある　　③ わからない

しつもん3　こまは　だれのものでしょうか。

① ぼく　　② 吉田さん　　③ 先生（学校）

しつもん4　こまは　いつまでに返せば　いいでしょうか。

① いつまででもいい　　② 今度の木曜日　　③ 今度の土曜日

5-7 こままわし

5-8 売りきれ？

● 話を聞きながら、あてはまるこたえを　まるでかこみましょう。

しつもん1　今日は　何月何日ですか。

① 6月10日　　② 6月15日　　③ 7月10日

しつもん2　なおやくんが　朝から楽しみにしていたものは　何ですか。

① ぽこぽこコミック　　② ふろくの下じき　　③ 自てん車に乗ること

しつもん3　ぽこぽこコミックは　いくらでしょう。

① 500円より安い　　② 550円　　③ 700円

しつもん4　ぽこぽこコミック最新号の発売日は　いつですか。

① 6月10日　　② 6月15日　　③ 7月15日

5-8 売りきれ？

● 話を聞きながら、あてはまるこたえを　まるでかこみましょう。

※こたえが1つではないもんだいもあります。

しつもん1　しゅくだいを思い出したのは　いつですか。

しつもん2　書かなくてはいけなくて、忘れていたことは　何でしたか。

しつもん3　忘れていたことは　どのようにして　わかりましたか。

しつもん4　しゅくだいの　ていしゅつ日は　いつですか。

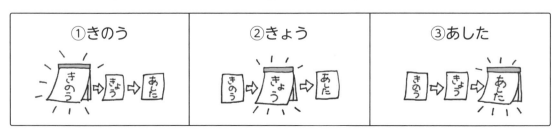

♠ 5-9 しゅくだい

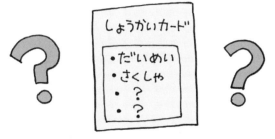

5-10 花火大会(はなびたいかい)

● 話(はなし)を聞(き)きながら、こたえを書(か)きましょう。

しつもん1　花火大会(はなびたいかい)は　どこで　ありましたか。

しつもん2　会場(かいじょう)に着(つ)いたのは　何時(なんじ)ごろですか。

しつもん3　花火大会(はなびたいかい)には　何人(なんにん)で　行(い)きましたか。

しつもん4　花火大会(はなびたいかい)には　お母(かあ)さんも　行(い)きましたか。

時刻用(じこくよう)メモコーナー

_____時(じ)会場(かいじょう)に着(つ)く　　_____時(じ)花火(はなび)始(はじ)まる　　_____時(じ)花火(はなび)は終(お)わる

5-10 花火大会(はなびたいかい)

● 話を聞きながら、こたえを書きましょう。

しつもん1　しらべる場所は　全部で　何か所ですか。

しつもん2　グループのメンバーは　何人ですか。

しつもん3　一つのところを　何人で　しらべることに　しましたか。

しつもん4　ほいく園を　しらべるのは　だれですか。

5-11 町たんけんのそうだん

5-12 かん字テスト

● 話を聞きながら、こたえを書いたり、あてはまるこたえをまるでかこみましょう。

しつもん1　かん字テストがあるのは　何曜日ですか。

しつもん2　かん字テストで「書き」のもんだいは　何もんですか。

しつもん3　今回は　かん字スキルの　何ページから何ページが　でますか。

しつもん4　ゆうちゃんは　何のじしんが　ないのですか。

| ①100点をとるじしん | ②おぼえきれていない字を正しく書くじしん | ③かん字がとくいになるじしん |

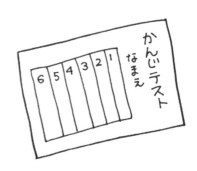

5-12 かん字テスト

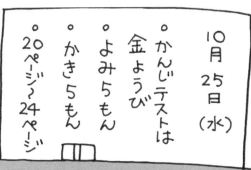

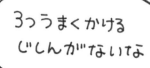

5-13 教室そうじ

●話を聞きながら、あてはまるこたえを　まるでかこみましょう。

しつもん1　ほうきがかりは　何人ですか。

| ①2人 | ②5人 | ③10人 |

しつもん2　一番はじめに　つくえを　後ろに下げるのは　だれですか。

| ①ほうきがかり | ②水ぶきがかり | ③教室そうじがかり全員 | ④クラス全員 |

しつもん3　あなたが　やるしごとすべてに　○を　つけてください。

①自分の机を後ろに下げる	②ゆかをはく	③ゆかの水ぶき
④つくえふき	⑤つくえを前にはこぶ	⑥教室の後ろをはく
⑦後ろのゆかの水ぶき	⑧つくえをもとのところにはこぶ	

5-13 教室そうじ

① クラスぜんいんでつくえはこび
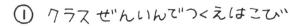

② ほうきがかりが ほうきはき

③ 水ぶきがかりが ゆかの水ふき

④ ほうきがかりが つくえふき

⑤ 1ぱん2はんぜんいんでつくえはこび

⑥ ほうきがかりが うしろをはく

⑦ 水ぶきがかりが うしろの ゆかふき

⑧ きょうしつそうじぜんいんで つくえはこび

5-14 うんどう会

●話を聞きながら、あてはまるこたえを　まるでかこみましょう。

しつもん1　この話は　何時くらいのことだと　思いますか。

①うんどう会前日の夕方5時くらい	②うんどう会前日の夜7時くらい	③うんどう会前日の夜10時くらい 

しつもん2　しんじくんは　今どんな気もちでしょう。

①うんどう会がすごく楽しみ	②うんどう会が楽しみだけどしんぱい 	③うんどう会がいや

しつもん3　しんじくんは　うんどうが　とくいだと　思いますか。

①とくい	②にがて	③わからない

しつもん4　お母さんの話を聞いて　しんじくんの　うんどう会への気もちは　どうなりましたか。

①すごく楽しみになった	②ドキドキが少しへった	③ドキドキがとてもへった	④ドキドキがもっとふえた

5-14 うんどう会

5-15 おわかれパーティー

●話を聞きながら、こたえを書きましょう。

しつもん1　あいさんはいつ引っ越すのですか。

しつもん2　あいさんが引っ越すことをなつみさんはいつ知りましたか。

しつもん3　おわかれパーティーはいつおこないますか。

しつもん4　どんなパーティーにする予定ですか。

♠ 5-15 おわかれパーティー

6 知らないことばを予想しよう (p.136〜)

➡ねらい
　この問題では、話の中に聞きなれない単語や、知らない単語があっても、話の前後をよく聞いてそれが何なのか推測することを課題としています。会話中や説明を聞く場面などで、知らないことばが出てきたけれどすぐには質問できない状況の時に話の流れから内容を推測し、理解できることをめざしています。

➡進め方
①事前の準備として、子ども用シートとフィードバックシートをコピーしておきます。子ども用シートは選択肢がないシート（p136）か、選択肢があるシート（p137）のいずれかを選びます。6-1〜20まで共通のシートになっています。シートは一度に2問おこなうようにしてあります。手がかりなしで考えるのが難しそうな場合、選択肢があるシートを使います。その場合、子どもにシートを渡す前に以下のように空欄内に選択肢を記入しておきます。

（記入例）

花の名前	国の名前
生きものの名前	お店の名前

　その他、食べもの、プール、文房具、乗りものなどことばのイメージだけで勘違いしそうな選択肢を書いておくとより注意して聞く練習になるでしょう。

②子ども用シートを渡し、問題文を読み上げます。この時、問題のタイトル（例えば6-1なら「マルメロ」）は読まないほうが文中のどのことばを知らないか気づく練習になります。子どもの状況に合わせて、はじめにタイトルを読むか読まないかを決めてください。
③全文を読み上げた後、それぞれがどんなものなのか考え、子ども用シートの選択肢に○を付ける、または自由に書かせます。
④フィードバックシートを見せ確認します。

➡応用
　6-3エアスプラッシュ、6-9エアロード、6-11ウォーターランド、6-14ホームラン、6-16だいちゃん、6-18ドラゴンブルーⅡ、6-19ベルツリー以外は実在するものですので、解答後インターネットなどで確認してもよいでしょう。

➡読み上げ文と解答
　（全問題共通）これから話をします。話の中には聞いたことがないことばが含まれています。最後まで話を聞いてそのことばがどんなものかを考えて、解答用紙に書いてください。

[6-1] マルメロ
　マルメロは皮が黄色くて甘いにおいが特徴です。1年の中でも、秋が一番おいしい季節で、実の部分はジャムなどに使われています。マルメロとはなんでしょうか？
　　　　　　　　　答え：くだもの

[6-2] カホン
　友だちがお父さんについて話しています。「ぼくのお父さんは休みの日に趣味でカホンをやっているんだ。お父さんのカホンは、まん中に穴が開いていて、叩くととってもおもしろい音がするんだ」カホンとは何でしょうか？

答え：楽器

答え：花などの植物

[6-3] エアスプラッシュ
店員さんが新商品の宣伝をしています。「明日から、新商品のエアスプラッシュが発売されます。はじめにシュワッと刺激があり後味がスッキリとさわやかで、これからの暑い季節にピッタリです。全国のスーパーやコンビニエンスストア、自動販売機で購入できます」エアスプラッシュとは何でしょうか？

答え：飲みもの（またはあめなどのお菓子）の名前

[6-4] ナムチムガイ
近所でお母さん同士が話しています。「この前、おとなりさんから旅行のお土産でもらった、ナムチムガイを使ってみましたよ。春巻きとか焼き鳥につけて食べてみたら、甘酸っぱくておいしかったです」ナムチムガイとは何でしょうか？

答え：（ソースなどの）調味料

[6-5] うっちゃり
教室で、男の子たちが盛り上がって話しています。「舞の山は、土俵のギリギリのところで、うっちゃりを決めたんだよ！ 大逆転の勝利で、すごかったよ」うっちゃりとは何でしょうか？

答え：すもうの決まり手

[6-6] アラビス
先生が生徒に話しています。「先生の家には、アラビスがあって、白や赤紫色をしています。日当たりのよいところに置いて、水をあげて、一生懸命育てています。3月〜6月ごろが見ごろです」アラビスとは何でしょうか？

[6-7] 六角レンチ
お父さんが2階から話しかけてきました。「お〜い！ この前、買ってきた本棚を今、組み立てているんだけど、大きさがねじの穴に合わないから、もう一つ小さい六角レンチを1階からもってきて！」六角レンチとは何でしょうか？

答え：工具（道具）

[6-8] バリスタ
ニュース番組で放送されていました。「外国の中には、バリスタになるためには試験に合格する必要がある国もあるそうです。バリスタはお客さんの注文を受けてから、さまざまなコーヒーを入れてお客さんに出します」バリスタとは何でしょうか？

答え：職業（仕事の名前）

[6-9] エアロード
友だちが話しています。「ぼくの家のエアロードは、色が赤で3年前からお父さんが使っているんだけど、最近は、お母さんも使うようになったから、塾の迎えにはお母さんが来てくれるんだ。お母さんは事故が心配だっていうから、昨日お守りを買いに神社に行ってきたよ」エアロードとは何でしょうか？

答え：車（乗りもの）の名前

[6-10] グレートブリテン

　教科書にこんなことが書いてありました。「グレートブリテンの正式名称は、The United Kingdom of Great Britain and Northern Irelandで、United Kingdomや『UK』とも略されます。グレートブリテンは、イングランド、北アイルランド、スコットランド、ウェールズからなり、歴史のある建物などが有名です」グレートブリテンとは何でしょうか？

答え：国の名前

[6-11] ウォーターランド

　友だちが話をしています。「夏休みにウォーターランドにはじめて行ってきたよ。ずっと行きたいと思っていたんだけど、昨年はいけなかったんだ。今年は、特別なショーもやっていて、珍しい海の生きものもたくさん見られたから、本当に行けてよかったよ」ウォーターランドとは何でしょうか？

答え：水族館

[6-12] アクアパッツァ

　友だちが話をしています。「昨日、家でアクアパッツァをつくったよ。まずお父さんとお母さんと一緒にスーパーで買いものをしたんだ。つくるときは、お母さんと二人だったんだけど、魚や野菜を切るのが難しかったよ」アクアパッツァとは何でしょうか？

答え：料理の名前

[6-13] スカシカシパン

　教室で友だちの発表を聞いています。「スカシカシパンは、円い形をしていて、大きさは14cmくらいです。上のまん中が少し膨らんでいて、花のような模様がついています。そして、細長い穴が開いています。全体に平らな殻で覆われていて、短いとげがあります。浅い海の砂底に埋もれながら生活していて、日本では中部地方や九州地方で見られます」スカシカシパンとは何でしょうか？

答え：海の生きもの

[6-14] ホームラン

　テレビのニュースでこんな風に言っていました。「『ホームラン』について、街の人たちにインタビューしたところ、『最後までどうなるかわからなくてドキドキしました』『感動して、久しぶりに泣いてしまいました』『主人公とその友だちが作戦を立てているところがワクワクしました』『自分の子どもにも読んでもらいたいと思って、買いました』『一晩で、250ページを一気に読みました』といった感想がありました。これから、まだまだ売れゆきがのびそうです」ホームランとは何でしょうか？

答え：本

[6-15]　ホースシューズ
　電車に乗っていると、前の席に座っている人たちが話していました。「この前、ホースシューズをやってみたよ。意外と難しかったよ。英語のUの形をしたホースシューっていうものを相手のステークに向かって投げて、相手のステークに引っかけるか、15センチメートル以内に近づけると得点が入るんだ。調べみたら、近くにコートがあるみたいだから、今度一緒にやってみようよ」ホースシューズとは何でしょうか？
　　　　　　　　　　答え：スポーツ

[6-16]　だいちゃん
　友だちが話をしています。「やっとだいちゃんに行くことができたよ。近所にあるんだけれど、テレビで放送されてからはいつも大行列で行けなかったからね。昨日のお昼にお母さんとお兄ちゃんと一緒に行ったんだ。入ってみたら意外と狭かったけれど、店内はきれいだったよ。店員さんは2人しかいなくて、食券を買ってから注文したんだ。いつもたくさん食べているお兄ちゃんは麺の大盛りを注文して、ぼくはトッピングに卵をつけたんだ。塩味のスープがとってもおいしかったよ。今度は違う味で食べてみたいな」だいちゃんとは何でしょうか？
　　　　　　　　答え：ラーメン屋さん

[6-17]　チュニック
　友だちが話をしています。「昨日お母さんとデパートに買い物に行ったんだ。わたしは、誕生日のプレゼントにコートを買ってもらって、お母さんは自分用にチュニックを買ったんだ。お母さんのチュニックの柄は、水玉でパンツに合わせたと言っていたよ」チュニックとは何でしょうか？

　　　　　　　　　答え：服の種類

[6-18]　ドラゴンブルーⅡ
　友だちが話をしています。「やっと、ドラゴンブルーⅡが買えたよ。発売日から2週間も待って、ようやく手に入れることができたよ。お母さんは一日30分までと言ってるけど、明日か明後日は家でできそうだから一緒に通信対戦しない？」ドラゴンブルーⅡとは何でしょうか？
　　　　　　　　答え：ゲームの名前

[6-19]　ベルツリー
　お母さんがテレビを見ながら言っています。「ベルツリーの洗剤は本当にきれいになるのね！　今度の大そうじ用に1つ買おうかしら！」ベルツリーとは何でしょうか？
　　　　　　　　　　答え：会社名

[6-20]　ルピア
　友だちが話をしています。「ぼくのお父さんは、仕事で日曜日までインドネシアに出張していたんだ。インドネシアには、ジャカルタっていう大きな町があって、そこで一週間くらい生活していたんだよ。そこで飲んだヤシの実のジュースがおいしかったって言っていたよ。10,000ルピアしたんだって。ぼくは最初10,000っていうからとてもびっくりしたけど意外とそんなでもないみたいだよ」ルピアとは何でしょうか？
　　　　　　　　　答え：お金の単位

6-1〜20 しらないことばを予想しよう

●話を聞いてこたえを書きましょう。

○のこたえ

○のこたえ

しらないことばを予想しよう

●話を聞いてあてはまるこたえに○をつけましょう。

○のこたえ

○のこたえ

6-1·2 マルメロ・カホン

①マルメロ

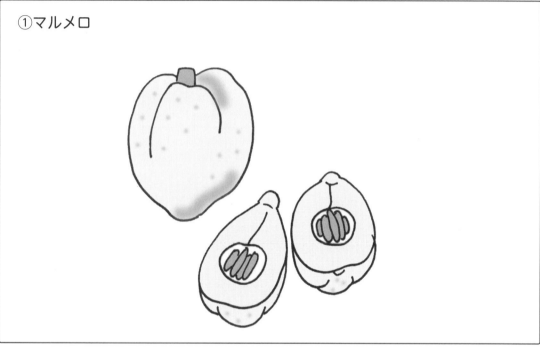

②カホン

6-3・4 エアスプラッシュ・ナムチムガイ

③エアスプラッシュ

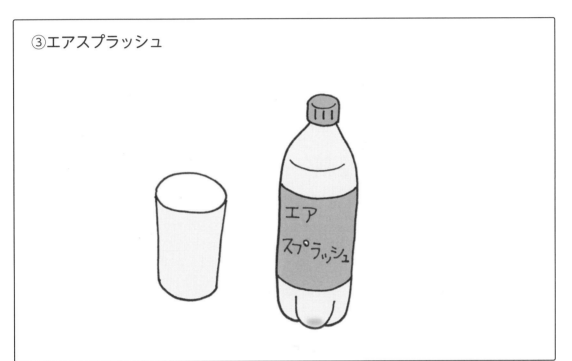

④ナムチムガイ

 うっちゃり・アラビス

⑤うっちゃり

⑥アラビス

6-7・8 六角レンチ・バリスタ

⑦六角レンチ

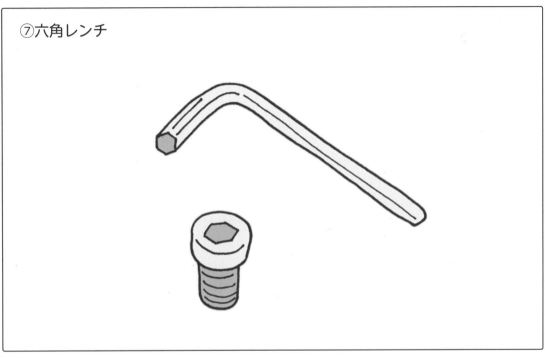

⑧バリスタ

6-9・10 エアロード・グレートブリテン

⑨エアロード

⑩グレートブリテン

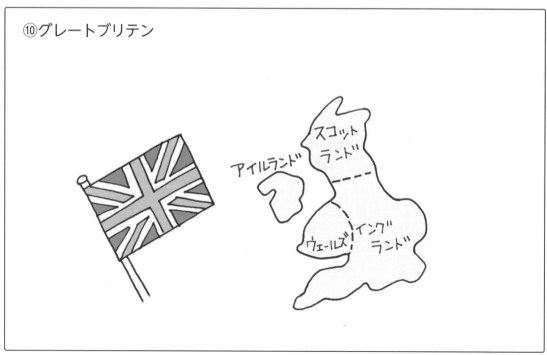

6-11·12 ウォーターランド・アクアパッツァ

⑪ウォーターランド

⑫アクアパッツァ

 スカシカシパン・ホームラン

⑬スカシカシパン

⑭ホームラン

6-15・16 ホースシューズ・だいちゃん

⑮ホースシューズ

⑯だいちゃん

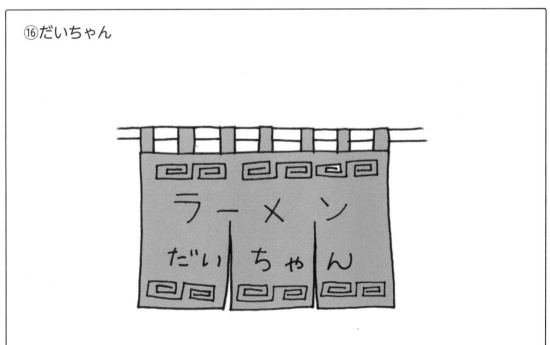

6-17・18 チュニック・ドラゴンブルーⅡ

⑰チュニック

⑱ドラゴンブルーⅡ

 ベルツリー・ルピア

⑲ベルツリー

⑳ルピア

7 めざせ！聞きとりメモ検定1級

「めざせ！聞きとりメモ検定1級」の各シートについて（p.155～）

動機づけや達成感を高めるために、「聞きとりメモ検定チェックシート」「パズルシート」「パズルピース」「検定の合格のコツ」のシートを用意しました。必要に応じてコピーして使用してください。

➡使い方

まず、「めざせ！聞きとりメモ検定1級」を読み、検定の内容や意味を確認します。「聞きとってメモができると」の記入例としては、「先生の話を聞きながら連絡帳やノートに大切なことを書くこと」などがあります。

次に、「検定合格のコツ」（p.157）のシートを見て聞きとりのポイントを確認します。そして、「持ちものメモ　その1」～「知らない人からの電話メモ」まで、段階的に各ワークシートを実施し、正答したら、「聞きとりメモ検定チェックシート」の合格のしるしの欄に○をつけたり、シールをはります。1つの級が合格するごとにパズルのピース2枚ずつを渡し、「パズルシート」の台紙に貼るよう促し、完成をめざします（「パズルピース」は指導者があらかじめ切り取って用意しておきます）。パズルの絵柄は一例を入れてありますが、子どもが好きなキャラクターなどの絵をカラーコピーなどして使用するとより楽しくおこなえるでしょう。また、台紙は厚紙に貼ると、くり返し使う場合は使いやすいでしょう。

➡10級から6級までのねらい

聞きとった話の中で、必要なことについてメモをとる練習をします。

「持ちものメモ」では、問題が進むにつれ、聞きとる量が増えたり、読み上げ文に変化をつけてあるので、微妙な言い方の違い（例えば、持ちものの数をあらかじめ伝えておく言い方と、伝えない言い方）にも対応する練習にもなります。

「省略してメモ」では、聞きとった中で、必要なことばを短くして（省略、簡略化する）、メモをとる練習をします。また、学校の連絡帳に書くことを想定して、縦書きのメモをとります。

➡進め方

♠ 10～8級（p.162～）
持ちものメモ　その1～3

① 事前の準備として子ども用シートとフィードバックシートをコピーしておきます。
② 子どもにワークシートを渡し、メモをとる前ととった後にすることを「検定合格のコツ」のワークシートの「すべてで共通なコツ」と「それぞれの級のコツ」を見て、一緒に確認します。
③ 読み上げ文を読みます。子どもから「もう一度言ってください」とリクエストがあれば、くり返して読みます。
④ 子どもがワークシートにメモを書きます。
⑤ 子どもがメモをとった後、文字のまちがいがないかなど、確認するよう促します。漢字で書けない場合はひらがなでかまいません。
⑥ フィードバックシートを見せて、確認をします。その1-①～③まで答えが書いてありますので、①～③を分けておこなう時は、切り分けておくなど、やっていない問題の答えが見えないように工夫してください。

※10級（7-1〜3）は、メモ用の枠の中に、最初の文字がヒントとして、書いてあります。

※9級（7-4〜6）は、聞きとるものの数の分、枠があります。

※8級（7-7〜9）は、枠が1つだけです。いくつメモしなければいけないか気にとめておく必要があります。

➡応用

メモ内容は子どもの実態に合わせて変えても結構です。その場合、子ども用シートをコピーして解答を書き入れフィードバックシートとして使ってください。

➡読み上げ文

〈10級〉

[7-1] 持ちものメモ　その1-①
　これから持ちものを伝えます。持ちものは2つです。新聞紙と絵の具です。

[7-2] 持ちものメモ　その1-②
　これから明日の持ちものを伝えます。ビニール袋2枚と輪ゴム3本です。

[7-3] 持ちものメモ　その1-③
　明日の持ちものは、図工に使うための空き缶と空き箱とわりばしです。

〈9級〉

[7-4] 持ちものメモ　その2-①
　これから持ちものを伝えます。持ちものは2つです。ぞうきんと体操着です。

[7-5] 持ちものメモ　その2-②
　これから明日の持ちものを伝えます。プールセットとうちわです。

[7-6] 持ちものメモ　その2-③
　明日の持ちものは、生活の時間に使うためのダンボールとカッターとビニールひも2m

です。

〈8級〉

[7-7] 持ちものメモ　その3-①
　明日の持ちものは、じょうぎとホチキスです。

[7-8] 持ちものメモ　その3-②
　明日は、道具箱を持って帰るための大きな紙袋を持ってきてください。

[7-9] 持ちものメモ　その3-③　明日の持ちものは、エプロンと三角巾とマスクです。

♠ 7、6級 (p.168〜) 省略してメモ その1、2

➡進め方

①事前の準備として子ども用シートとフィードバックシートをコピーしておきます。

②p.160の「7級にチャレンジする前に…」のページもコピーして練習問題をおこない省略の仕方を理解します。答えの例としては、①3/5、②算ド、③p5、④手紙→封筒になどがあります。その際、省略すると早く書き終わったり、書くところが小さくても書ききれるなどの利点を伝えます。

③子ども用シートを渡し、読み上げ文を読みます。子どもから「もう一度言ってくださ

い」とリクエストがあれば、くり返して読みます。
④子どもが、ワークシートにメモを書きます。
⑤子どもがメモをとった後、文字のまちがいがないかなど、確認するよう促します。
⑥省略した内容が何を表しているのか口頭で確認します。
⑦フィードバックシートを見せて、確認します。その1ー①～③まで答えが書いてありますので、①～③を分けておこなう時は、切り分けておくなど、やっていない問題の答えが見えないように工夫してください。
※7級（7-10～12）は、枠の中に、「曜日」「何を」「どのくらい」など、ヒントが書いてあります。
※6級（7-13～15）は、枠だけがあります。

読み上げ文

〈7級〉
[7-10] 省略してメモ　その1-①
　来週の月曜日までに、漢字ドリルの5ページから10ページまでやってきてください。
[7-11] 省略してメモ　その1-②
　9月12日までに、算数ドリルの23ページから28ページまでやってきてください。
[7-12] 省略してメモ　その1-③
　これから7月4日の持ちものを言います。図工に使うための牛乳パックを開いて持ってきてください。

〈6級〉
[7-13] 省略してメモ　その2-①
　来週の水曜日までに、音読の8ページから14ページまでやってきてください。
[7-14] 省略してメモ　その2-②
　算数ドリルの16ページから19ページを10月27日までにやってきてください。
[7-15] 省略してメモ　その2-③
　11月2日に、音楽会の申し込み用紙を持ってきてください。11月5日に漢字ドリルの31ページから33ページをやってきてください。

応用

話を聞き終わってから書く、あるいは、聞きながら書くなど、メモをとるタイミングを変えて練習をすることで、どちらのやり方が自分に合っているかなど考える機会になります。

省略してメモでは、例は1つしか載せていませんが、省略の仕方はいくつもあります。子どもの学校では、どのように省略しているかなど話し合ったり、ワークに出てくることば以外にもさまざまなことばの省略を考え、子どもがわかりやすい書き方を一緒に探すことができるとよいでしょう。

5級から1級までのねらい

電話の相手のセリフを聞きとって、メモをとる練習をします。

聞きとる量が増えるなど、メモの書き方の難易度が少しずつ上がります。

※5級（7-16～18）　家族や親せきからの電話メモでは「誰から、誰に、内容」をそれぞれ一つずつ聞いてメモすることをめざします。

※4級、3級（7-19、20）電話の会話でのメモその1、2では電話の相手との会話のやりとりもしながら、伝言するための必要なことをメモすることをめざします。

※2級（7-21～23）　電話でいくつかのメモでは伝言してほしい内容や相手が複数になります。メモを書いた後に、「誰々に何々をするのでいい（ですか）？」と内容をくり

返して確認するやり方も伝えて練習していきます。

※1級（7-24、25）知らない人からの電話メモでは初めて聞くような普段なじみのないことばを聞きとって、伝言のメモを書きます。わからなかったらどうしたらいいかについても考えます。

毎回、それぞれのワークシートをはじめる前に「検定合格のコツ」のワークシートを見ながら、コツを完成させてからはじめてください。

5級 (p.172～)
家ぞくや親せきからの電話メモ

→ **進め方**

①事前の準備として子ども用シートをコピーしておきます。7-16～18まですべて共通シートになっていますので「家ぞくや親せきからの電話メモ　その○」の○の中にその1、その2、その3を書き入れておきます。また、フィードバックシートもコピーしておきます。

②ワークシートを見せ、どんなことをメモするか確認します。また、会話の途中や終わった後など、メモをとるタイミングを伝えます。

③実際の電話のやりとりに近づけるためにお互いの顔が見えないように、背中合わせに座ったり、間に衝立を置いて準備をします。

④お互いに電話の代わりになるようなもの（ふで箱など）を耳にあてながら、内容を話します。

⑤子どもはメモをとり、くり返し言って確認します。

⑥フィードバックシートを見せて確認します。その1－①～③まで答えが書いてありますので、①～③を分けておこなう時は、切り分けておくなど、やっていない問題の答えが見えないように工夫してください。

→ **読み上げ文と解答**

[7-16] 家ぞくや親せきからの電話　その1
もしもし、おばあちゃんだけど、具合が悪いから、明日はあそびに行けないってお母さんに言っておいてね。

[7-17] 家ぞくや親せきからの電話　その2
　もしもし、おじいちゃんだけど、日曜日の3時に荷物が届くように送ったよって、お母さんに言っておいてね。

[7-18] 家ぞくや親せきからの電話　その3
　もしもし、おばさんだけど、土曜日の何時に家に来るか知りたいから、おばさんの会社に電話がほしいって、お父さんに言っておいてね。

4、3級 (p.174～)　電話の会話でのメモ　その1、2

➡進め方

①事前の準備として子ども用シートとフィードバックシートをコピーします。
②子どもには、まず、ワークシートの見方と段取りを伝えます。
※会話の中でメモするコツを覚えるために、役割とセリフが決まっていて、劇のように練習することを伝えます。

　子ども用シートの指導者の読み上げ部分（話し手）は　①のように空欄に番号だけがふってあります。①のセリフを指導者が言い終わったら、次は、子どもがセリフを言う番です。その後も順番にセリフを言いあいます。

③会話の途中や終わった後など、自分がやりやすいタイミングでメモをとるように伝えます。
④実際の電話のやりとりに近づけるためにお互いの顔が見えないように、背中合わせに座ったり、間に衝立を置いて準備をします。
⑤電話の代わりになるようなもの（ふで箱など）を耳にあてながら、会話をします。
⑥子どもはメモをとり、くり返し言って確認します。
⑦フィードバックシートのメモを見せて確認します。
※4級（7-19）は、会話が終わった後、ワークについているメモ欄を使用させます。
※3級（7-20）は、そばにメモがない設定にし、会話の途中で、メモ用紙やえんぴつをとりに行ってからメモを書く練習をします。

➡読み上げ文

[7-19] 電話の会話でのメモ　その1
話し手：①もしもし○○？（子どもの名前）おばあちゃんだけど、お母さんに代わってくれる？
聞き手（子ども）：②今、いないよ。
話し手：③そうなんだ。じゃあ、お母さんにおみやげありがとうって言っておいて。
聞き手（子ども）：④わかった。
話し手：⑤そういえば、○○くん（ちゃん）もうすぐ運動会でしょ？
聞き手（子ども）：⑥うん！　そうだよ！つな引きに出るよ！
話し手：⑦見に行くね。楽しみにしてるよ。
聞き手（子ども）：⑧うん。がんばるね！
話し手：じゃあ、またね。

[7-20] 電話での会話メモ　その2
話し手：①野球部の連絡です。○○くん（お

兄ちゃん）は、いますか？
聞き手（子ども）：②まだ、塾から帰ってきていません。
話し手：③何時ごろ帰ってくるか、わかりますか？
聞き手（子ども）：④すみません。わからないです。
話し手：⑤じゃあ、伝言をお願いします。
聞き手（子ども）：⑥わかりました。少し待ってください。
※メモとえんぴつの用意をする。
お願いします。
話し手：⑦日曜日の練習は雨だったら、○○小学校（子どもが実際に通っている学校）の体育館集合です。
聞き手（子ども）：⑧（聞いたことをメモする）くり返します。（聞いたことを言う）でいいですか。
話し手：⑨はい。大丈夫です。ありがとうございました。
※内容が違っているようなら、もう一度伝える。

2級 (p.178～) 電話でいくつかのメモ

➡進め方

①事前の準備として子ども用シートとフィードバックシートをコピーしておきます。
②子どもにワークシートを渡し、これから電話の内容を聞きとる練習をすることを伝え、会話の途中や終わった後など、自分がやりやすいタイミングでメモをとるように伝えます。
③実際の電話のやりとりに近づけるためにお互いの顔が見えないように、背中合わせに座ったり、間に衝立を置いて準備をします。
④お互いに電話の代わりになるようなもの（ふで箱など）を耳にあてながら、指導者が内容を話します。
⑤子どもはメモをとり、くり返し言って確認します。
⑥フィードバックシートを見せて確認します。
※［7-21］は、伝える相手は1人で、内容が2つです。メモ用紙にヒントがあります。
※［7-22］は、伝える相手は2人で、内容は1人1つずつです。メモ用紙にヒントがあります。
※［7-23］は、伝える相手は2人で、内容は1人1つずつです。ヒントのないメモ用紙でおこないます。

➡読み上げ文

［7-21］電話でいくつかのメモ　その1
　もしもし、お父さんだけど、今日は8時ごろに帰るってお母さんに伝えてね。それから、明日から出張だから朝までにカバンに着替えを入れておいてって言っといてね。

［7-22］電話でいくつかのメモ　その2
　もしもし、お母さんだけど、5時になったら炊飯器のスイッチ入れてね。それから、お姉ちゃんに塾の帰りに卵を買ってきてって頼んでおいてね。

［7-23］電話でいくつかのメモ　その3
　もしもし、おばあちゃんだけど、お父さんに6時に駅に迎えに来てって言ってくれる？あとお母さんには、明後日、みかんが一箱届くよって言っておいてね。

1級 (p.184〜)
知らない人からの電話メモ その1、2

➡進め方

①事前の準備としてp.161の「1級にチャレンジする前に…」のシートと、子ども用シートとフィードバックシートをコピーしておきます。

②問題を始める前に「1級にチャレンジする前に…」のシートにとり組み、わからなくなったら、何と言えばいいのかをいくつか考えさせます。対応策を考えた後キリトリ線の下にあるセリフなども参考にして、困った時はこう言おうと確認します。

③子どもにワークシートを渡して、読み上げ文を読みます。

④実際の電話のやりとりに近づけるためにお互いの顔が見えないように、背中合わせに座ったり、間に衝立を置いて準備をします。

⑤お互いに電話の代わりになるようなもの（ふで箱など）を耳にあてながら、指導者が内容を話します。○○や△△のところに、適当な会社名と電話番号を加えながらセリフを読み上げます。「もう一度、言ってください」などと、言う練習なので少し早口でしゃべったり聞きとりにくい話し方にしてもよいでしょう。

⑥子どもはメモをとり、くり返し言って確認します。

⑦フィードバックシートを見せて確認します。

➡読み上げ文

[7-24] 知らない人からの電話メモ　その1
　株式会社○○○○（例：はなやま商事）の△△（大川）です。お母さんに、また月曜に連絡しますと伝えてください。

[7-25] 知らない人からの電話メモ　その2
　お父さんと一緒に仕事をしている××（中丸）ですが、明日、私の会社まで電話がほしいと伝えてください。電話番号は、0100-2413-6857です。

➡応用

　実際の電話を使って、ステップアップした練習ができるといいでしょう。また、電話の出方、切り方などのマナーも合わせてとり組みましょう。

めざせ！聞きとりメモ検定1級

今までのプリントで、「聞いたことをおぼえる」「やりながら聞く」「話の大事なところを聞く」「予想して聞く」ためのやり方をれんしゅうしてきました。これらのやり方を使って、聞きとりメモ検定1級になろう！

これから、聞きとりメモ検定にチャレンジしよう！
検定は10級からスタートして1級がゴールだよ。
チャレンジした級で合格すると、パズルの2ピースをゲットできるよ。1級まで合格して、20ピース集めてパズルを完成させよう！

<u>検定にチャレンジする前に、どうしてメモが大切か考えておこう。</u>

「聞きとって、メモができる」と

| |
| |
| |

に　やくだちます。

聞きとりメモ検定 チェックシート

やったね！おめでとう

レベル	ないよう	合格のしるし
1級	知らない人からの電話メモ	
2級	電話でいくつかのメモ	
3級	電話の会話でのメモ　その2	
4級	電話の会話でのメモ　その1	
5級	家ぞくや親せきからの電話メモ	
6級	省略してメモ　その2	
7級	省略してメモ　その1	
8級	持ちものメモ　その3	
9級	持ちものメモ　その2	
10級	持ちものメモ　その1	

メモ検定スタート！

検定合格のコツ

● すべてできょうつうのコツ

[コツ1] わからなくなったら、「もう一度言ってください」
と言おう。
[コツ2] わすれないように書きながらメモすることを頭の中でくりかえし言ったり、人に言ってたしかめよう。
[コツ3] メモを書いた後は、字のまちがいがないか、たしかめよう。

● それぞれの級のコツ

級	内容	コツ
10級	持ちものメモ　その1	はじめの文字をヒントにしよう
9級	持ちものメモ　その2	持ちものそのものを頭に思いうかべよう
8級	持ちものメモ　その3	持ちものがいくつかも気をつけて聞こう
7級	省略してメモ　その1	れんしゅうページで省略のしかたを考えてみよう
6級	省略してメモ　その2	省略したことばを小さい声に出して書いてみよう
5級	家ぞくや親せきからの電話メモ	「誰から」「誰に」「内容」の3つを聞こう
4級	電話の会話でのメモ　その1	会話中に、伝言をいったん頭の中にメモしておこう
3級	電話の会話でのメモ　その2	自分でメモの準備をした後で、伝言を聞こう
2級	電話でいくつかのメモ	「誰に」と「内容」をセットにして覚えよう
1級	知らない人からの電話メモ	覚えられない時の方法を使って聞こう

パズルピース

パズルシート

10級 ①	6級 ⑨	8級 ⑤	3級 ⑯	5級 ⑪
7級 ⑦	5級 ⑫	1級 ⑳	9級 ③	4級 ⑭
8級 ⑥	2級 ⑰	3級 ⑮	2級 ⑱	6級 ⑩
4級 ⑬	1級 ⑲	9級 ④	7級 ⑧	10級 ②

7級にチャレンジする前に…

●ことばを省略する練習をしてみよう！

〈省略の例〉
- 1月2日 → 1/2
- 漢字ドリル → 漢ド、かんド
- 3ページ → P3
- ふくろに入れてタオルを持ってくる → タオル（ふくろ）

〈練習問題〉

① 3月5日 　[　　　　　]

② 算数ドリル 　[　　　　　]

③ 5ページ 　[　　　　　]

④手紙をふうとうに入れて持ってくる

[　　　　　　　　　　　]

1級にチャレンジする前に…

〈質問〉

はじめて聞くなまえや電話番号を覚えるのは、むずかしいこともあります。

一度、聞いただけで、覚えられなかったらどうしますか？

そんな時、相手にお願いする言い方を考えて、書いてみましょう。

------- キリトリ線 -------

「もう一度言ってください」

「ゆっくり言ってください」

「みじかく くぎって言ってください」

10級 持ちものメモ　その1 ①②③ 7-1~3

③			②		①	
わ	あ	あ	わ	ビ	え	し

持ちものメモ　その1
① ② ③

③			②		①	
わりばし	あきばこ	あきかん	わごむ　3本	ビニールぶくろ　2まい	えのぐ	しんぶんし

9級 持ちものメモ その2 ①②③

7-4~6

③	②	①

9級 持ちものメモ　その2 ①②③

7-4〜6

③		②		①	
ビニールひも　2m	カッター	ダンボール	うちわ	プールセット	体そうぎ	ぞうきん

8級 持ちものメモ　その3
①②③

7-7~9

③	②	①

8級 持ちものメモ その3 ①②③

③	②	①
エプロン　三角きん　マスク	大きな紙ぶくろ	じょうぎ　ホチキス

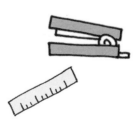

③	②	①
日づけ	日づけ	ようび
どのように	なにを	なにを
	どのくらい	どのくらい

7級 省略してメモ その1-①②③

③	②	①
日づけ 7/4	日づけ 9/12	ようび 月
どのように 牛パ（ひらく）	なにを 算ド	なにを 漢ド
	どのくらい P23〜28	どのくらい P5〜10

6級 省略してメモ そのクイズ-①②③

7-13〜15

③	②	①

6級 省略してメモ その2-①②③

7-13〜15

③	②	①
11/2 音プリ 11/5 漢ド P31〜33	算ド P16〜19 10/27	水 音読 P8〜14

 **5級** 家ぞくや親せきからの電話メモ　その○

だれから

だれに

ないよう

5級 家ぞくや親せきからの電話メモ その①②③

7-16〜18

①
- だれから：おばあちゃん
- だれに：お母さん
- ないよう：明日、来られない

②
- だれから：おじいちゃん
- だれに：お母さん
- ないよう：日曜3時に、にもつが来る

③
- だれから：おばさん
- だれに：お父さん
- ないよう：おばさんの会社にでんわする

4級 電話の会話でのメモ その1

7-19

●会話をした後に ひつようなことをメモしよう！

話し手のセリフ　　　　　　聞き手のセリフ

①	→	②「今、いないよ」
③	→	④「わかった」
⑤	→	⑥「うん！そうだよ！つな引きに出るよ」
⑦	→	⑧「うん。がんばるね！」

メモ

電話の会話でのメモ その1

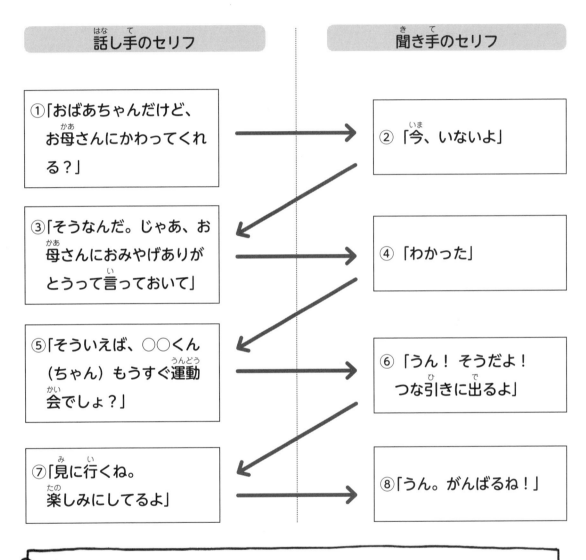

3級 電話の会話でのメモ その2

7-20

話し手のセリフ | 聞き手のセリフ

①

② 「まだ、じゅくから帰ってきていません」

③

④ 「すみません。わからないです」

⑤

⑥ 「わかりました。
　少し待ってください」
＊メモとえんぴつを用意できたら
「おねがいします」

⑦

⑧ ※聞いたことをメモする
「くりかえします。
（メモしたことを伝える）
～で、いいですか？」

⑨

3級 電話の会話でのメモ その2

7-20

話し手のセリフ

①「野球部の連絡です。○○くん（お兄ちゃん）は、いますか？」

③「何時ごろ帰ってくるか、わかりますか？」

⑤「じゃあ、伝言をお願いします」

⑦「日曜日の練習は雨だったら、○○小学校の体育館集合です」

⑨「はい。だいじょうぶです。ありがとうございました」

聞き手のセリフ

②「まだ、じゅくから帰ってきていません」

④「すみません。わからないです」

⑥「わかりました。少し待ってください」
＊メモとえんぴつを用意できたら「おねがいします」

⑧※聞いたことをメモする
「くりかえします。
（メモしたことを伝える）
〜で、いいですか？」

メモ
　おにいちゃんに　野球部の連絡
　日曜日の練習　雨なら　○○小体育館集合

2級 電話でいくつかのメモ その1 7-21

だれから

だれに

ないよう　①

　　　　　②

2級 電話でいくつかのメモ その1

- だれから　お父さん

- だれに　　お母さん

- ないよう　①8時ごろ　かえる

　　　　　②朝までに　かばんに着がえ

 **2級** 電話でいくつかのメモ　その2 7-22

だれから

①だれに

　ないよう

②だれに

　ないよう

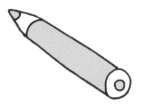

2級 電話でいくつかのメモ その2

だれから	お母さん

①だれに　　じぶん

　ないよう　5時に　ごはんのスイッチ

②だれに　　おねえちゃん

　ないよう　じゅくがえりに
　　　　　　たまごを買う

2級 電話でいくつかのメモ その3

電話でいくつかのメモ その3

おばあちゃんから

お父さんに　6時にえきにむかえ

お母さんに　あさって

みかん一箱

1級 知らない人からの電話メモ その1 7-24

1級 知らない人からの電話メモ その2 7-25

1級 知らない人からの電話メモ その1

7-24

はなやま商事　大川
お母さんに　月れんらくあり

------- キリトリ線 -------

1級 知らない人からの電話メモ その2

7-25

お父さん　中丸さん
明日会社に電話
０１００－２４１３－６８５７

著者一覧（五十音順）

● **安住　ゆう子（あずみ　ゆうこ）**
東京学芸大学大学院修士課程学校教育専攻 発達心理学講座修了／NPOフトゥーロ LD発達相談センターかながわ所長／特別支援教育士SV／公認心理師
【主な著書】『教室でできる特別支援教育のアイディア　中学校編』（分担執筆）図書文化／『軽度発達障害の心理アセスメント』（分担執筆）日本文化科学社／『WISC-III アセスメント事例集』（分担執筆）日本文化科学社／『教室・家庭でいますぐ使えるSST』『あそびっくす！まなびっくす！』『あたまと心で考えようSSTワークシート』『ワーキングメモリーとコミュニケーションの基礎を育てる聞きとりワークシート①②③』かもがわ出版／『心理検査入門』（編著）合同出版　他

● **江上　芽里（えがみ　めり）**
聖心女子大学大学院 人間科学専攻 臨床心理学領域 博士前期課程修了／元NPOフトゥーロ LD発達相談センターかながわ／臨床心理士
【主な著書】『あたまと心で考えようSSTワークシート』『ワーキングメモリーとコミュニケーションの基礎を育てる聞きとりワークシート①②③』かもがわ出版

● **鈴木　弦（すずき　げん）**
東北福祉大学総合福祉学部福祉心理学科卒業／元NPOフトゥーロ LD発達相談センターかながわ／特別支援教育士／公認心理師
【主な著書】『あたまと心で考えようSSTワークシート』『ワーキングメモリーとコミュニケーションの基礎を育てる聞きとりワークシート①②③』かもがわ出版

● **芳賀　亮一（はが　りょういち）**
成蹊大学文学部英米文学科卒業／NPOフトゥーロ LD発達相談センターかながわ／特別支援教育士／公認心理師
【主な著書】『子育てサポートブック』（共著）LD発達相談センターかながわ／『自立のためのLD指導プログラム』（共著）LD発達相談センターかながわ／『あたまと心で考えようSSTワークシート』『ワーキングメモリーとコミュニケーションの基礎を育てる聞きとりワークシート①②③』かもがわ出版

● **藤村　愛（ふじむら　あい）**
明星大学大学院 人文学研究科 心理学専攻 修士課程修了／NPOフトゥーロ LD発達相談センターかながわ／臨床心理士
【主な著書】『子育てサポートブック』（共著）LD発達相談センターかながわ／『あたまと心で考えようSSTワークシート』『ワーキングメモリーとコミュニケーションの基礎を育てる聞きとりワークシート①②③』かもがわ出版

● **三島　節子（みしま　せつこ）**
東京学芸大学教育学部卒業／NPOフトゥーロ LD発達相談センターかながわ／公認心理師
【主な著書】『教室でできる特別支援教育のアイディア172　小学校編』（分担執筆）図書文化／『きみならどうする―LDのためのソーシャルスキル』（共著）日本文化科学社／『教室・家庭でいますぐ使えるSST』『あたまと心で考えようSSTワークシート』『ワーキングメモリーとコミュニケーションの基礎を育てる聞きとりワークシート①②③』かもがわ出版　他

ワーキングメモリーとコミュニケーションの基礎を育てる
聞きとりワークシート②
大事なところを聞きとろう 編

2015年 2月10日　　第 1 刷発行
2025年 5月13日　　第19刷発行

編　著／©NPOフトゥーロ LD発達相談センターかながわ

発行者／田村太郎

発行所／株式会社 かもがわ出版
〒602-8119　京都市上京区堀川通出水西入
☎075(432)2868　FAX 075(432)2869
振替　01010-5-12436

印　刷／シナノ書籍印刷株式会社

ISBN978-4-7803-0748-1 C0037　　　　　　　　　　　　　　　Printed in Japan

NPOフトゥーロ
LD発達相談センターかながわ

フトゥーロ（FUTURO）とは、スペイン語で未来（FUTURE）を意味する言葉です。

LD発達相談センターは、平成10年4月にLDやADHD、高機能自閉症やアスペルガー障害など、障害の程度は軽微であっても、周囲の適切な理解と対応が必要な方たちを主な対象とし開設されました。毎年定期指導利用者数は約300名、検査などでのご利用は400名ほどです。広域から来所されています。

■ 主な活動
1. 心理検査・教育相談
2. 療育的指導（小グループ指導や個別指導）
3. 余暇活動支援（サークル活動）
4. 幼稚園・保育園、学校への巡回相談
5. 幼児の子どもを対象とした児童発達支援事業
6. ワークシート、書籍の出版　など

■ 刊行物
〈フトゥーロ発行〉
- 「子育てサポートブック」（幼児から小学生向け、中高生向け、自立に向けての3種類）
- 「学習ワークシート 1 ～ 12」

〈かもがわ出版発行〉
- 『あたまと心で考えようSSTワークシート　自己認知・コミュニケーション編／社会的行動編／思春期編』
- 『ワーキングメモリーとコミュニケーションの基礎を育てる　聞きとりワークシート①②③』
- 『体験しながら育もう　実行機能力ステップアップワークシート　自立に向けてのアイテム10』
- 『自己・他者の感情理解を育てる　SSTカード教材気持ちチップ』
- 『読む・書く・話すの基礎を育てる　わくわくサイコロゲーム（音（音韻）編／仲間（カテゴリー）・お話編）』など

★活動の詳細はHP（https://www.futuro.or.jp/）でご覧いただけます。

〈連絡先〉

NPOフトゥーロ　LD発達相談センターかながわ
〒226-0025　神奈川県横浜市緑区十日市場町803-2　第一サンワード2F
TEL：045-989-3501　FAX：045-989-3502
E-mail：info@futuro.or.jp

特別支援教育のカード教材

意味からおぼえる 漢字イラストカード

小1～小6

WHAT's 漢字イラストカード
LDなどの発達障害に多い「漢字が書けない」「書けるけれども細部を間違える」「読めるけれども書けない」といった子どものために開発されたカード教材です。
イラストを使った教材なので、これから漢字を習う子どもの学習にも使用できます。

山田 充●著

1年生・2年生上・2年生下ともに 本体2800円 ／ 3年生上下 本体3400円 ／ 4年生～6年生 本体4800円

文部科学省が規定した教育漢字は、1年生80字、2年生160字、3年生200字あります。このカードは各学年の漢字に対応するため、1年生、2年生上・下が各80枚、3年生上・下は各100枚のカード（A6サイズ：10.5×14.8cm）が専用の箱に入ってます。裏には、書き順、画数、読み、熟語、短文などもあり予習、復習にも便利です。利用のためのアドバイスブック（A5判変型・8ページ）付き。

あそびっくす！まなびっくす！

楽しく学べるコミュニケーション ＆ ソーシャルスキル ベーシックゲーム

 What's
発達やコミュニケーションに課題をもつ子のために開発された特別支援教育のカード教材。
5種類、計242枚のカードを使って、発達の課題ごとに7つのゲームが楽しめます。

箱のサイズ：187×150×46 本体3800円

安住ゆう子●著

かなかな パズルゲーム

読み書き支援付

山田 充●著　■カードサイズ たて95×よこ60mm　■箱サイズ 187×150×46mm　本体2800円

感覚統合を生かしてたのしく学習

佐藤和美

手づくりのあそび100

LD、AD/HD、高機能広汎性発達障害、発達のかたよりが気になる子どもたち……。家庭、保育所・幼稚園、学校で困っている子どもたちのために、手づくり教具で楽しくできる100の遊びを紹介します。

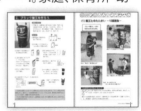

第1部　「感覚統合」を知っていますか
第2部　発達のかたより－7つのタイプ
第3部　たのしくあそんで感覚統合
第4部　感覚統合と遊びの話

本体2000円（ISBN978-4-7803-0140-3 C0037）

読む力・書く力を育てる

読み書き・漢字の苦手さの背景には、感覚の統合の弱さがあります。本書では、LD、ADHD、高機能広汎性発達障害児の発達を促す方法のひとつである「感覚統合」を生かした手づくり教材と遊び方をいっぱい紹介します。

第1章　やる気がない子・課題をやり遂げられない子に
　　　　［課題への導入］
第2章　集中が長く続かない子に［課題の合間に］
第3章　読み書きの準備
第4章　読み・書き・漢字の指導

本体2000円（ISBN978-4-7803-0323-0 C0037）

SSTワークシート ソーシャルスキルトレーニング 大好評

思春期・編

4つのカテゴリーに分け124項目の課題を入れています。
使用対象●小学校高学年から中学・高校生

❶自己認知スキル

❷コミュニケーションスキル
- ■コミュニケーション態度を育てる
- ■ノンバーバルコミュニケーション
- ■相手の状況や気持ちの理解

❸社会的行動
- ■集団参加・ルール理解・集団における気持ちのコントロール
- ■提案・助言・共感・協力・主張

❹プランニング・自立に向けて
- ■計画する
- ■仕事を知る 他

978-4-7803-0288-2 C0037
B5判160頁　本体価格2000円

自己認知・コミュニケーションスキル・編

ISBN978-4-7803-0380-3 C0037
本体価格 1500円

■自己認知スキル
■自分や家族を紹介する・自分を知る
自己紹介のやり方／どんな気持ちがするのかな／一日をふりかえってみましょう／予定通りに終わらないのはなぜかな？

■コミュニケーションスキル
■コミュニケーション態度を育てる
どうしてがまんしなくちゃいけないの？／授業中の態度は？／誰かが話を始めたら…／授業中、話しかけれたら

■会話を続ける・やりとりの流暢さ
わかりやすく話そう１（体験を話す）／いつ話せばいいの？／自分ばっかりしゃべらないで／上手な質問の仕方

■ノンバーバルコミュニケーション
ちょうどいい声の大きさ／同じ言葉でも言い方で意味がかわる／聞いてほしくないこと／人と話すときの距離は…

■相手の状況や気持ちの理解
年上の人にはなんて言えばいいのかな？／親切もほどほどに…／意見をゆずるのも大事／じょうだんで言ったこと

社会的行動・編

ISBN978-4-7803-0381-0 C0037
本体価格 1800円

■集団参加
知っている人にあいさつをされたら／クラスのルールを守るって／そうじ当番／どうやって声をかける？／遊びからぬけるとき／予定があるのにさそわれたら／途中でぬけるのは…

■ルール理解・集団における気持ちのコントロール
一番がいい！／順番の決め方／一番ではなくてもいい理由／ジャンケンでタイミングよく出すには／ずるしていいの？／ルールを変えるのは？

■提案・助言・協力・共感・主張
一緒に遊びたいのに／上手な意見の伝え方／「いいよ」というのも提案のうち／友達を手伝うときは／給食をこぼしてしまった友だちに／会話に入ってこない友だちに／ケンカになりそうな友だちに／悪口を言われた友だちのかばいかた／上手な応援／友だちが怒られているときには／授業中わからなくなったら／係の仕事を忘れた友だちに／心配ごとやきんちょうがあるときは／あやまっても許してもらえないとき／注意の仕方を考えよう